**진짜 공부 잘하는 아이는
집에서 이렇게 합니다**

진짜 공부
잘하는 아이는
집에서 이렇게 합니다

**자기주도적인 아이로 키우는
유대인 교육법**

남지란 지음

질문이라는 나침반으로 내 아이가 스스로 삶의 방향을 찾을 수 있도록

빌리^{billybutton}버튼

진짜 공부를 하는 아이는
학원에서 자라지 않는다

16년 동안 좋은 성적을 목표로 최선을 다해 공부하는 학생들을 많이 만났습니다. 학교가 끝나자마자 학원에 가서 공부하고, 수행평가를 준비하느라 밤을 새우고, 어린 나이에도 목표를 위해서 묵묵히 노력하는 아이들을 보면 대견하고 자랑스러울 때가 많았습니다. 그렇게 초중고 12년을 열심히 노력해서 원하는 대학에 가게 된 아이의 소식이 들려오면 제 일인 것처럼 기뻤습니다. 하지만 대학을 잘 다니던 아이들은 졸업이 가까워지면 제게 찾아와 무엇을 해야 할지 모르겠다며 혼란스러움을 털어놓곤 했습니다.

요즘에는 자고 나면 새로운 기술이 나오고, 온갖 직업이 인공지능과 로봇으로 대체되고 있다는 이야기가 들려옵니다. 지금도 이런데 우리 아이들이 살아갈 시대는 더 빠르게 바뀌고 지금은 상상도 하지 못할 기술이 만들어질지도 모릅니다. 정답을 찾는 방법만을 연습해온 아이들은 미래에 어떤 일을 해야 할지, 어떻게 무엇을 준비해야 할지 모르겠다고 호소합니다.

학교에는 공부를 잘하지는 못해도 모든 친구와 친한 초특급 친화력을 가진 학생, 친구의 말을 잘 들어주어 마음을 편안하게 해주는 특기가 있는 학생이 있었습니다. 언변술이 뛰어나 좌중을 압도하는 재능을 지닌 학생도, 아주 조용하지만 온라인에서 수천 명의 팔로워를 가진 학생도 있었습니다. 어려움에 닥친 친구를 잘 도와주는 학생도, 만화를 잘 그리거나 소설을 잘 쓰지만 수업 시간에는 오로지 버티기로 일관하는 학생들도 있었습니다.

문제 풀이만을 잘하는 공부는 과거의 공부입니다. 변화하는 세상에 맞춰 자기 삶을 개척할 수 있는 능력을 기르는 것이 필요합니다. 미래 일자리의 60%는 아직 만들어지지 않았다고 미래학자들은 말합니다. 아직 만들어지지 않은 60%를 만들어나가는 역량이 우리 아이들에게 필요합니다. 그 역량을 키운 진짜 공부를 잘하는 사람이 사회에서 신나게 자신의 날개를 펴고 나아갈 수 있습니다.

학부모 상담을 해보면 학부모님이 아이의 미래에 대해 얼마나 고민하는지 알 수 있습니다. 아이의 성적을 올리기 위해 학원을 보내고 과외를 시켜야 할 것 같고, 창의력이 중요하다고 하니 독서토론, 논술, 피아노, 미술 학원도 보내야 하나 싶어 불안해 하는 것이 느껴집니다. 엄마가 닦달하지 않으면 게임하고 유튜브만 들여다보고 있으니 답답한 마음에 학원이라도 보내야겠다는 생각을 하시는 것도 잘 알고 있습니다.

저는 수업 시간에 시험에 나올 것을 짚어주거나 교과서 진도에 목을 매기보다 하나의 주제에 대해 끊임없이 토론하고 탐구하게 했습니다. 그러자 질문하지 않던 아이들이 '왜?'라는 질문을 던지기 시작했고 다큐멘터리를 찍거나 거리로 나가 시민 투표를 하기도 했습니다. 이런 경험은 아이들에게 영어가 필요한 이유를 깨닫게 했고, 스스로 공부하는 즐거움을 알게 했습니다.

아이들의 변화를 직접 보고 겪었기에 아이의 가장 가까운 곳에서 고민하는 학부모님에게 도움이 되면 좋겠다는 마음을 이 책에 담았습니다. 공부하는 자세뿐 아니라 경제교육, 비판적 사고력, 소통과 창의성, 리더십까지 우리 아이들이 미래를 살아갈 때 꼭 필요한 역량을 키워줄 것입니다. 유대인은 5천 년의 역사를 통해 그들의 교육법이 뛰어남을 증명해 왔습니다. 이 교육법을 통해서 우리 아이들은 불확실한 미래를 스스로 헤쳐 나갈 수 있는 힘을 기르게 될 것입니다.

이 책이 부모님의 불안을 잠재워줄 수 있으면 좋겠습니다. 공부하라고 닦달하지 않으면 아이의 성적이 떨어지는 것이 아닐까 하고 걱정하는 모든 분들에게 말입니다.

아이가 자기주도적으로 공부하고, 자신의 용돈과 일상을 똑 소리나게 관리하는 아이로 키우려면 부모는 한 발자국만 아이에게서 멀어지면 됩니다. 아이와 부모 모두 스트레스 없이 서로 존중하고 사랑하는 관계를 만드는 변화의 시작에 작은 도움이 되기를 바랍니다.

- 남지란

차례

1장 | 진짜 공부로 이끄는 태도 교육

2장 | 꿈을 이루어주는 경제 교육

3장 | 멀리 앞서 나아가는 미래 교육

4장 | 함께 성장하는 관계 교육

5장 | 본질에 집중하는 창의성 교육

6장 | 세상을 주도하는 리더십 교육

진짜 공부로
이끄는 태도 교육

| 1 |
모든 공부는
대화에서 시작된다

상대성이론의 아인슈타인을 비롯해 인간 무의식을 밝힌 프로이트, 과학적 사회주의 창시자 마르크스는 인류 최고의 인재로 손꼽힌다. 여기에 구글의 공동창업자 세르게이 브린과 래리 페이지, 페이스북을 만든 마크 저커버그까지 이들은 모두 유대인이다. 경제, 금융, 법률, 예술계 등 인류 문명에 이바지한 유대인은 셀 수 없이 많다. 이토록 많은 위인이 유대인이라는 점에서 궁금증이 생긴다. 그럼 이들은 선천적으로 좋은 머리를 가지고 태어났을까?

IQ를 놓고 비교하면 민족이나 인종 간에는 능력 차이가 없다는 것이 대체적인 정설이다. 유대인의 지능이 특별하지 않다는 말이다.

그들이 선천적으로 좋은 머리를 타고난 게 아니라면 어떻게 손꼽히는 인재가 될 수 있었을까?

생각하는 힘을 기르는 법

유대인은 자녀의 지혜를 길러주는 것이 부모의 가장 중요한 역할이라 생각한다. 삶의 정수인 지혜는 대화를 통해 부모에게서 다음 세대로 이어진다. 유대인은 로마 제국에 정복당해 나라를 잃고 세계를 떠돌았다. 하지만 그들이 정체성을 유지하며 생존할 수 있었던 것은 대화 때문이었다. 인류사에 큰 발자취를 남긴 인재를 길러낸 교육의 핵심은 대화다. 부모와 자녀 간의 독특하고 창의적인 대화가 위대한 유대인을 길러냈다.

유대인 부모가 자녀에게 많이 하는 말 중 하나는 히브리어로 '마따호세프'다. "네 생각은 어때?" 또는 "네 생각은 뭐야?"라는 뜻이다. 부모는 일상의 작은 순간에도 아이의 생각을 묻는다. 아이가 "이거는 뭐예요?", "왜 그래요?"라고 호기심을 가지고 질문하면 유대인 부모는 "네 생각은 어때?"라고 다시 아이의 생각을 묻는다. 질문에 대한 아이의 생각을 묻는 것이다.

유대인 부모는 "왜 그렇게 생각해?"도 자주 묻는다. 아이에게 그렇게 생각하는 이유를 물어보는 것이다. "2개의 오렌지가 있는데 친구가 2개를 더 주었어요. 모두 몇 개일까요?"라고 물었을 때 아이가 "3개요"하고 답하면 보통은 "틀렸어. 다시 생각해 봐."라고 말한다. 반면 유대인 부모는 왜 3개라고 생각하는지를 물어 아이가 자기 생각을 살펴보게 한다. 아이는 틀렸다는 부정적 말을 듣지 않았기에 편한 마음으로 이유를 생각한다. 그 과정에서 자신의 대답을 점검하고 스스로 수정할 수 있게 된다.

"네 생각은 어때?"라는 질문을 받으면 아이는 그때부터 답을 하기 위해 생각하기 시작한다. 아이의 대답에 유대인 부모는 "왜 그렇게 생각해?"라고 되묻는다. 아이는 이유를 찾기 위해 다시 생각한다. 유대인 부모와 자녀 사이에는 이런 대화가 매일 이루어진다. 아이가 자라는 동안 이런 대화가 쌓이면 생각하는 힘이 놀랍게 성장한다. 생각하는 힘이 자라면 공부는 저절로 잘하게 될 수밖에 없다.

학교에서 성적이 상위권인 학생들의 가장 큰 특징은 자기 생각 말하기를 즐겨한다는 점이다. 자기 생각을 말로 표현하는 토론, 토의 수업에서 뛰어난 실력을 발휘한다. 논술 평가에서도 고득점을 얻는 경우가 대부분이다. 제시문 등 제한된 조건 내에 생각을 쓰는 폐쇄형 논술 평가뿐만 아니라, 자유롭게 자기 생각을 글로 쓰는 개방형 논술 평가도 어려워하지 않는다.

"네 생각이 무엇이니?"라는 질문과 "왜 그렇게 생각해?"라며 근거를 말하는 대화의 방식은 자연스럽게 생각하는 힘을 키워준다. 생각 하는 힘을 가지고 공부를 하면 공부에 재미를 느끼고 과정 자체를 즐기며 자존감도 높아진다. 자기 생각을 가지고 그 근거를 논리적으로 표현할 수 있는 능력은 미래 역량의 기본이다.

밥보다 중요한 대화

1980년대 후반 자메이카 수도 킹스턴시에서 저소득층 지역의 유아 중 또래와 비교해 성장이 느린 129명의 아이를 대상으로 특별한 실험을 했다. 아이들을 무작위로 4개의 그룹으로 나누어 한 그룹에는 심리적 격려를, 또 한 그룹에는 영양 보조를 지원했다. 세 번째 그룹에는 심리적 지원과 영양 보조를 모두 지원했다. 네 번째 그룹에는 아무런 지원도 하지 않았다. 여기서 심리적 격려란 사회복지사가 매주 한 시간씩 가정을 방문해 엄마와 아이들이 더 많은 대화를 하게 하는 프로그램이었다. 프로그램의 목적은 아이의 언어 발달과 자존감 향상이었다. 이에 비해 영양 보조는 아이의 영양 결핍을 채워 신체 발달을 돕는 데 초점이 맞춰졌다.

2년간의 실험이 끝나고 20년 후 프로그램에 참여했던 아이들의 임금을 비교 분석했다. 그 결과 심리적 격려를 받은 그룹은 그렇지 않은 그룹에 비해 소득이 약 40% 높았다. 반면 영양 보조만 받은 그룹은 아무 처방을 받지 않은 그룹과 비슷한 소득을 보였다.

밥보다는 대화가 중요하다. 유대인 부모는 자녀와의 대화를 중요하게 생각하며 대화의 바탕에는 아이를 존중하는 마음이 깔려있다. 유대인들은 신 아래 모든 인간은 평등하다고 믿기 때문에 자녀도 동등하다고 여긴다. 특히 자녀는 신이 잠시 선물로 맡긴 존재라는 의식이 있다. 노벨문학상을 받은 작가 나딘 고디머는 이렇게 말했다. "우리 민족의 가정 교육은 민주적이고 진보적입니다. 부모는 자녀들이 스스로 생각하고 선택하도록 끊임없이 격려하죠."

부모와 자녀의 수평적인 관계는 유대인이 인재로 성장하는 밑거름이 되었다. 우리나라의 많은 부모는 대화의 중요성을 알지만, 자녀를 독립적인 존재로 바라보지 못하는 경향이 있다. 자녀의 더 나은 미래를 위해 꼼꼼하게 지시를 내린다. 유대인은 교육을 일방적인 것으로 생각하지 않기에 상호소통 하는 방식으로 아이를 교육한다. 대화는 교육에 관한 유대인의 신념이다.

대화 교육의 힘

미국의 아동 발달 전문가인 다이애나 바움린드는 부모의 자녀 양육 방식을 허용형, 민주형, 독재형, 무관심형의 4가지로 나누었다. 독재형은 부모의 권위와 통제만을 강조하는 양육 태도로 타율적인 아이를 만든다. 민주형은 애정을 동반한 통제 방식으로 자존감이 높고 자기조절능력이 우수한 아이로 키운다. 허용형은 충동적이고 참을성이 없는 아이를 만들며, 무관심형은 자존감이 낮고 우울한 아이가 되게 한다. "엄마가 말했지!"라고 말하는 독재형 부모에 반해 민주형 부모는 "우리 이야기해볼까?"라는 말을 가장 많이 쓴다. 유대인 부모는 민주적 양육 태도로 대화한다.

ㅣ 네 가지 양육방식 ㅣ

어린아이들은 어른과 대화를 많이 할수록 지능과 언어 능력이 좋아진다. 미국 소아 과학 저널에 게재된 논문에 따르면 부모와 대화를 많이 하며 자란 아이들은 그렇지 않은 아이들에 비해 IQ 및 언어 이해력, 단어 표현 능력 등이 14~27%가 높았다. 그 밖에 성인과 대화를 많이 하면서 자란 아이일수록 수학과 과학의 학업 성적이 높다는 연구 결과도 있다. 대화를 많이 하면 어휘력은 늘 수밖에 없고, 어휘력이 좋을수록 생각의 정밀도가 높아진다. 또 대화 내용만 이해하는 것이 아니라 그 과정에서 말투, 표정, 제스처 등을 습득해 비언어적 의사소통 능력도 향상된다.

발명왕이라고 불리는 에디슨은 초등학교 시절, 수업시간에 '1+1=2'를 보고 왜 1 더하기 1이 2가 되냐고 선생님에게 물었고 당연한 것을 질문하는 에디슨의 질문 공세에 선생님은 수업을 하지 못할 정도였다. 교장 선생님은 에디슨의 어머니를 학교로 불러 아이가 1 더하기 1이 2가 되는 것도 이해하지 못하는 수준이라고 말했다. 그러자 에디슨은 밖으로 나가 두 덩이의 진흙을 가져와서 교장 선생님 앞에서 두 덩이를 합쳐 하나의 진흙을 만들어 보였다. 결국 학교에서 쫓겨나 정규 교육을 제대로 받지 못한 에디슨을 어머니는 집에서 "왜 그렇게 생각하니?"하고 물으며 유대인의 방식으로 가르쳤다.

부모가 알고 있는 정답을 알려주면 아이의 학습 속도는 빨라진다. 하지만 부모가 알고 있는 오늘의 지식이 내일은 쓸모가 없을지도 모른다. 미래 사회에는 지식이 아닌 지혜를 발휘하는 인재가 필요하다. 수많은 정보를 토대로 자신만의 생각을 만드는 아이가 진짜 인재다. 유대인의 대화 교육은 부모에게 상당한 끈기와 인내를 요구하기에 과정은 힘들어도 아이의 성장은 눈부시다. 생각하는 힘을 기르기 위해 아이와 대화를 해보자. 부모가 정답을 말하는 순간 아이의 생각은 멈추어 선다. 정답 대신 질문을 던져 보자. "네 생각은 어때?"라고.

아이와 이렇게 해보는 건 어때요?

▸ 사소한 일을 결정할 때도 아이에게 생각을 물어보세요. "네 생각은 어때?"

▸ 아이의 말에 "왜 그렇게 생각해?"라고 물어보세요. 처음엔 "이유를 물어봐도 돼?"라고 아이를 존중하며 물어보기 시작하면 좋아요.

▸ 아이의 속마음이 듣고 싶을 때는 산책을 하거나 집이 아닌 장소에서 하는 것이 좋아요. 또는 아이와 단둘의 데이트 등으로 대화의 부담감을 줄일 수 있어요.

▸ 아이의 말을 평가하지 말고 일단 수용하며 들어주세요. 아이의 생각을 키우기보다 존중받는 경험을 쌓이게 하는 것이 더 중요해요. 존중받는 아이는 이후에 생각이 쑥쑥 자라납니다.

| 2 |
비판적으로 생각하고
논리적으로 말하는법

유대인의 도서관은 시끄럽기로 유명하다. 도서관은 조용히 책 읽는 곳이라는 세간의 고정관념이 유대인에게는 통하지 않는다. 유대인 학생은 둘씩 짝지어 토론하며 공부한다. 책 한 구절을 두고도 치열하게 서로의 논리를 주고받고 논쟁을 몇 시간씩 지속하기도 한다. 유대인은 이렇게 말하기와 듣기를 활용해 혼자서는 할 수 없는 '하브루타' 토론법으로 공부한다. 수천 년 전에 시작되었던 하브루타는 미래 교육법으로 주목받고 있다.

친구와 함께 공부하기

유대인 도서관 책상은 두 사람이 마주 보도록 놓여 있고 책상에는 책이 산더미처럼 쌓여있다. 사람들은 유대교 경전인 〈탈무드〉를 펼쳐놓고 소리 높여 떠든다. 자기 생각을 전달하려고 삿대질을 하기도 하고, 책상을 쾅쾅 치기도 한다. 상대 주장을 주의 깊게 경청하다가 논리적 오류가 발견되면 즉시 질문으로 반론한다. 이때 치열하게 토론하는 상대와 나이 차이가 많이 나기도 하고 심지어 모르는 사이인 경우도 있다. 중요한 것은 토론 주제에 관심이 있느냐다.

'하브루타'는 '친구'를 의미하는 히브리어에서 나온 말로 둘씩 짝지어 논쟁하며 토론하는 학습법이다. 친구라는 단어에서 알 수 있듯 하브루타는 학생이 교사에게 배우는 방식이 아니다. 동등한 관계에서 질문과 토론을 통해 서로를 가르치고 배운다. 꼬치꼬치 캐묻고 답하는 과정을 통해 깊게 이해하는 공부법이다. 〈탈무드〉에는 '혼자서 배우면 바보가 된다.'라는 구절이 있다. 유대인에게 공부란 경쟁이 아닌 협력이자 상호소통이다.

유대인은 수천 년 동안 나라 없이 떠돌며 박해받았다. 유럽 각국은 유대인 거주 구역인 '게토'를 만들고, 게토 밖으로 나오지 못하게 했다. 학교에 갈 수 없는 유대인은 교사 없이 공부하는 방법, 하브루타를 만들어냈다. 하브루타는 학교에 가지 않아도 글을 읽을 수 있는 두 사람과 〈탈무드〉만 있으면 가능하다. 유대인은 어릴 때부터 가정에서 글을 가르쳤다. 중세 유럽에서 글을 읽을 수 있는 사람은 10%도 되지 않았다. 그에 반해 유대인 남성 95%는 글을 읽을 수 있었다. 교사가 없기에 단어 하나, 문장 하나도 그냥 넘기지 않았고 이해될 때까지 토론을 이어갔다.

〈탈무드〉를 사이에 놓고 한 친구가 읽은 구절에 대한 자신의 해석을 말한다. 이야기를 듣던 반대편 친구는 왜 그렇게 해석했는지 질문한다. 질문을 받은 친구는 이유를 말한다. 이유를 들은 친구는 그 대답의 오류를 조목조목 따진다. 상대 친구가 논리적으로 받아치지 못하면 사정없이 몰아치기에 모든 논리적 공격에 대비한다. 책을 읽고 그대로 암기하는 대신 의미를 해석하고 반론을 생각해 보고 근거를 마련한다. 격렬한 토론이 끝나면 역할을 바꾸어 논리의 공격과 수비가 이루어진다.

하브루타는 정답을 찾지 않는다

하브루타는 토론이 핵심이다. '갓 태어난 아기가 두 개의 머리를 가지고 태어났다면, 이 아기는 한 사람일까? 두 사람일까?'와 같은 주제에 대해 토론한다. 하브루타는 논리적 질문으로 격하게 공격하지만, 상대를 무너뜨리기 위한 것이 아니다. 그래서 치열하게 자기 주장을 펴지만, 상대 주장이 옳다면 곧바로 수긍한다. 하브루타는 찬성과 반대로 나뉘는 이기는 토론이 아니다. 정답 찾기가 아닌 설득력 갖춘 토론이 목적이며 비판적으로 생각하고 논리적으로 분석하는 설득력 있는 인재가 되는 방법이다.

〈탈무드〉는 서술이 난해하고 구두점이 없는 데다 빼곡하게 들어찬 글로 집중하지 않으면 읽을 수 없는 책이다. 학생들은 이렇게 어려운 책을 예습해온다. 예습하지 않으면 친구와 논쟁할 수 없기 때문이다. 적극적으로 상대방을 가르쳐야 하기에 스스로 공부하고 생각한다. 한 시간의 수업을 위해 4~5시간의 예습과 복습을 한다. '교육'은 '밖으로 끄집어내는 것'이라는 어원을 가지고 있다. 유대인은 스스로 생각을 끄집어낸다.

유대인은 어릴 때부터 하브루타 방식으로 공부한다. 따라서 무슨 이야기를 듣거나 책을 읽어도 그냥 받아들이지 않는다. 자연스럽게 '정말 그런가?'하고 생각한다. 그리고 거꾸로 보고, 돌려보고, 달리 보면서 한 가지 사안에도 여러 경우를 대입해 본다.

〈탈무드〉에는 '가르침을 무턱대고 받아들이는 사람은 권력과 자기 자신을 부패하게 한다.'라는 말이 있다. 권위 있는 사람의 말이라도 무턱대고 받아들이지 않는 비판적 사고력은 세상을 발전시키는 중요한 능력이다.

비판적 사고력이 있는 학생들의 학습 태도는 남다르다. 이 학생들
은 수동적으로 공부하지 않는다. 교과서의 내용이나 교사의 설명에
서 모르는 단어가 있으면 질문을 하거나 표시를 해두고 나중에 꼭
찾아본다. 학습 내용을 그대로 받아들이지 않는다. 문장 하나라도
확실하게 이해되지 않으면 그냥 넘어가지 않는다.

수업 시간에 교과서를 읽고 짝에게 설명하는 하브루타 방식의 수
업은 효과가 매우 좋다. 교과서 진도를 나갈때는 엎드려 자던 학생
들도 적극적으로 학습하려는 태도를 보인다. 교과서의 문장을 자신
의 말로 설명하는 과정을 통해 두뇌가 활성화되고, 상대 말을 경청
해서 듣고 자기 생각과의 미묘한 차이를 찾아내는 과정에서 생각이
정교해진다.

유대인 교육기관인 예시바에도 교사는 있다. 랍비라 불리는 교사
는 탈무드 내용을 학생들에게 설명하지 않는다. 탈무드의 대략적 줄
거리만 말해주고, 토론의 방향을 확인한다. 학생들은 몇 시간이고
토론한다. 그래도 결론이 나지 않으면 교사를 찾아간다. 교사의 해
석도 하나의 의견에 불과하다. 교사와 학생 간 토론이 치열해지기도
한다.

유대인은 어느 민족보다 논쟁에 강하다. 탈무드에는 어떤 문제에 대한 논쟁이 3개월이나 6개월, 때로는 7년이나 지속되었다는 기록도 있다. 그렇게 오래 논쟁해도 결론이 나지 않으면 '모른다'라고 기록하고 있다. 학습 과정을 중시하는 유대인의 의지를 엿볼 수 있다.

빠른 진도보다 깊이 있는 이해

미국에서 가장 비싼 수임료를 지급해야 하는 변호사는 유대인이다. 수임료가 비싼 이유는 유대인 변호사의 승소율이 높기 때문이다. 유대인 변호사가 재판에서 이기는 비율이 왜 높을까? 어렸을 때부터 하브루타를 통해 논리적으로 분석하고 다양한 경우의 수를 따지는 법을 연습했기 때문이다. 다양한 논리적 근거를 찾아 상대방을 설득하는 능력은 하루아침에 이루어지지 않는다. 이론을 실제에 적용하며 다양한 각도에서 토론하는 사람이 법조계에서 두각을 나타내는 것은 이상하지 않다.

EBS 다큐멘터리 〈왜 대학에 가는가?〉 제작팀이 학습 관련 실험을 했다. 20여 명의 대학생을 두 팀으로 나누어 한 팀은 혼자서 역사책을 공부하도록 했고, 다른 한 팀은 둘씩 짝을 지어 공부하게 했다. 3시간이 지난 뒤 두 팀의 학생들을 한자리에 모아 시험을 보게 했는데 시험 결과는 놀라웠다. 짝을 지어 공부한 학생들의 점수가 혼자 공부한 학생보다 두 배 정도 높았다. 혼자 공부한 학생은 열심히 책을 봤지만 아는 내용과 모르는 내용을 구분할 기회를 얻지 못했다. 그에 비해 짝과 공부한 학생은 짝에게 내용을 설명하다가 막히는 부분에서 자신이 그 부분을 잘 모른다는 것을 알아차릴 수 있었다.

설명하며 가르치는 공부법이 학습에 효과적이라는 사실은 여러 연구로 증명되었다. 이해한 내용을 말로 설명하면서 핵심을 파악하고 논리적으로 정리하는 능력이 향상된다. 게다가 단순 복습할 때보다 머릿속에 장기 기억으로 남는다. 읽고, 듣고, 말하고, 생각하는 하브루타는 '진도'만을 강조하는 우리 교육을 돌아보게 한다. 하브루타는 속도보다는 깊이를 강조한다.

또 하브루타는 주체적으로 학습하는 대표적인 방법이다. 배움의 주체가 되느냐 객체가 되느냐에 따라 결과는 엄청나다. 주체가 되어 다른 사람과 토론하는 동안 생각과 생각이 부딪치면 창의력이라는 불꽃이 튄다. 창의력은 관계에서 나온다. 하브루타의 핵심은 '관계'다. 미래 사회는 협력하는 능력이 필요하다. 친구와 토론하며 함께 공부하면 그 결과도 함께 나누게 된다.

아이와 이렇게 해보는 건 어때요?

▸ 아이가 말하는 문장 앞에 '왜'를 붙여 다시 질문해 보세요. "○○이 싫어요."라고
아이가 말한다면 "왜 ○○이 싫은 걸까?"라고 다시 물어보세요.

▸ 아이가 질문하면 아이의 생각은 어떤지 물어보며 아이가 깊이 있는 생각을 할
수 있도록 도와주세요.

▸ 단어 하나, 조사 하나에 따라 뜻이 어떻게 달라지는지 이야기를 나누며 아이와
엄마의 생각을 서로 비교해 보세요.

▸ 아이가 단어의 뜻을 물어보면 즉시 대답해주지 마세요. 대신 궁금증을 갖고 질
문한 행동을 칭찬하고 사전에서 단어 뜻을 찾아보게 하세요. "그 단어에 궁금
한 마음을 가진 게 대단한데. 사전에서 찾아 엄마에게 뜻을 알려주는 건 어때?"

▸ 아이가 관심 있는 주제의 글이나 책을 이야기의 소재로 삼아서 대화를 나누는
것도 좋아요.

3

공부머리를 키우는
질문의 힘

"선생님 말씀 잘 듣고, 친구들과 싸우지 말고." 등교하는 자녀에게 이런 말을 해본 적이 있을 것이다. 오래전부터 우리는 이 말을 머릿속에 새기며 학교에 갔다. 선생님 말씀 잘 들으라는 말은 지금도 유효하다. 이 말에는 선생님을 존중하라는 뜻도 있지만 핵심은 수업 시간에 선생님의 설명을 하나도 놓치지 말고 머리에 넣으라는 의미다. 교사가 설명하고 학생은 조용히 듣는 엄숙한 교실. 한국의 유교 문화는 오랫동안 교실을 지배했다. 반면 유대인 부모는 자녀가 온종일 입 다물고 선생님 말씀을 잘 듣고 왔다면 큰일 났다고 생각한다. 말하지 않았다는 것은 공부하지 않았다는 것과 같기 때문이다.

질문도 평가되는 사회

지난 2010년 G20 폐막식이 열린 서울. 버락 오바마 미국 대통령은 연설을 마치고 기자들을 향해 질문을 요청했다. 그 순간 기자회견장에는 찬물을 끼얹은 듯한 정적이 흘렀다. 오바마는 "한국어로 질문하면 아마도 통역이 필요할 겁니다. 사실 통역이 꼭 필요할 겁니다."라는 유머로 기자들의 긴장을 풀어주었다. 청중이 웃음을 터뜨리는 동안에도 손을 드는 기자는 없었다.

오바마 대통령이 질문을 기다리자 한 기자가 손을 들었다. "죄송하지만 저는 중국 기자입니다. 제가 아시아를 대표해서 질문을 던져도 될까요?" 묻자 오바마는 "저는 한국 기자에게 질문을 요청했습니다."라며 다시 한국 기자에게 질문 기회를 주었다. 하지만 아무도 손을 들지 않아 질문 기회는 중국 기자에게 넘어갔다.

이는 '질문하지 못하는' 한국 사회의 현주소를 보여 준 장면으로 오랫동안 회자되었다. 당시 외국 기자들은 질문이 자신의 부족함을 드러내는 것으로 보일까 봐 한국 기자들이 부담을 느낀 것 같다고 했다. 이후 현장에 있었던 한 한국 기자는 이렇게 말했다. "우리한텐 질문도 답인 것 같아요." 질문을 잘해야 한다는 강박감이 질문을 막았다. 한국 사회가 질문을 어떻게 바라보는지 잘 드러난다.

우리는 종종 질문자가 이런 칭찬받는 상황을 본 적 있다. "좋은 질문이에요." 우리 사회는 질문도 좋은 질문과 나쁜 질문으로 평가받는다. 그에 반해 유대인은 "네 생각은 어때?"라고 수도 없이 묻는다. 나만의 생각이 또 다른 기준이 될 수 있다고 격려하며 인생의 기준을 스스로 세운다. 유대인이 질문을 두려워하지 않는 이유다.

우리는 아이가 학교에서 돌아오면 "오늘 학교에서 뭘 배웠니?"라고 묻는다. 유대인 어머니는 "오늘 선생님께 무슨 질문을 했니?"라고 묻는다. 말하지 않으면 배울 수 없다고 생각하기 때문이다. 유대 속담 중에 '말 없는 아이는 잘 배울 수 없다.'라는 말이 있다. 아이의 침묵이 배우고자 하는 욕구가 없는 증거라고 생각한다. 또한 〈탈무드〉에는 '침묵을 지키는 것은 배움을 거부하는 것과 같다.'라는 말도 있다. 질문은 배우려는 의지를 만들어준다.

발견의 문은 질문이다

아이들은 말을 배우면서부터 "왜?"를 달고 산다. 모든 일에 호기심을 가지고 계속해서 "왜?"라고 물어본다. 그러던 아이들이 학교에 다니면서 점차 질문하지 않게 된다. 2017년 서울대 국어교육연구소가 10대 학생 3,429명의 언어문화를 분석했다. 학년이 올라갈수록 아이들은 질문하지 않는다는 결과를 얻었다.

'질문을 전혀 하지 않는다'라는 응답은 초등학교 4학년에서 5.6% 지만 고등학교 3학년이 되면 27.9%까지 올라간다. 세 명 중 한 명은 전혀 질문하지 않는다는 말이다. '뭘 질문해야 할지 몰라서'와 '창피 당할까 봐'라는 이유로 질문하지 않던 아이들이 중학교 2학년을 넘어서면서 '관심과 흥미가 없어서'라는 이유로 질문하지 않는다. 질문하지 않는 아이들은 교실로부터 달아나고 있다.

질문은 학생을 공부의 주인으로 만든다. 노벨 화학상 수상자인 하버트 브라운은 이렇게 말했다. "어릴 때 부모님은 항상 제게 질문을 던지라고 말했어요. 세상 만물을 종교적 관점으로 해석하지 말고 '왜?'라는 질문을 던지라고 가르치셨죠. 유대인의 교육이 우수한 것은 바로 여기에 있다고 생각합니다." 유대인이 노벨상을 많이 받고 창의적 인재가 되는 이유는 질문에 있다. 질문은 세상에 관한 호기심의 표현이기에 호기심이 있어야 관심이 생기고 흥미도 느낀다.

〈탈무드〉는 이렇게 가르치고 있다. "교사는 혼자만 알고 떠들어서는 안 된다. 만약 아이가 듣기만 한다면 가르치는 것이 아니라 앵무새를 키우는 것일 뿐이다. 교사가 이야기하면 학생은 거기에 대해 질문해야 한다. 그래서 교사와 학생이 주고받는 말이 활발할수록 교육 효과는 상승한다." 질문은 모를 때도 하지만 내용 자체에 이의를 제기하고 반박하는 데도 쓸 수 있다. 자신의 주장을 담은 질문을 하면서 상대방이 생각을 다른 방향으로 할 수 있도록 해준다. 자연스럽게 질문은 토론으로 이어진다.

미국행동과학연구소[NTL]는 학습 피라미드로 효과적인 공부법을 설명했다. 다양한 방법으로 공부하고 24시간이 지난 후 기억하고 있는 비율을 피라미드로 나타낸 것이다. 강의 전달 설명은 5%, 읽기는 10%, 시청각 교육은 20%, 시범이나 현장 견학은 30%의 기억률을 보인다. 토론은 50%, 직접 해보는 것은 75%, 다른 사람을 가르치는 것은 90%의 기억으로 남는다.

학습 피라미드

	5%	수업듣기
	10%	읽기
수동적 학습방법	20%	듣고 보기
	30%	시연하기
참여적 학습방법	50%	집단토의
	75%	연습
	90%	가르치기

압도적으로 높은 기억률을 보이는 것은 토론과 직접 해보는 것, 다른 사람을 가르치는 것이다. 다른 사람을 가르치는 방법으로 1시간 공부한 사람과 같은 효과를 얻기 위해서는 읽기 9시간, 강의 18시간이 필요하다.

시끄러운 공부가 필요하다

급격한 사회 변동과 더불어 한국 교육은 많은 변화를 가져왔다. 학습자 중심 교육의 중요성이 대두되면서 교실 풍경도 많이 바뀌었다. 학생이 주도적으로 참여하는 토론, 발표, 협동 학습이 대세로 자리 잡았다. 하지만 학생이 주도하는 수업은 초등학교, 길면 중학교까지다.

고등학교에 올라가면 학습자 중심 교육이 이루어지기 쉽지 않다. 입시에 예민한 학교일수록 수업은 교과서 진도에 민감하다. 교과서 진도를 나가는 가장 효과적인 방법은 교사 강의다. 교사가 주로 말하고 학생들이 조용히 듣는 교실, 21세기 한국에서 주입식 교육은 여전히 힘이 세다.

주입식 교육은 대규모 학습자를 대상으로 학습자가 단기간에 지식을 습득할 수 있도록 하는 효율적 방법이다. 19세기 제조업 중심의 2차 산업혁명 시대에 만들어진 교육법으로 빠르게 방대한 지식을 암기하고 암기한 내용을 그대로 적용하는 시대에 적합했다.

하지만 21세기는 인공지능 사회과 4차 산업혁명 시대다. 컴퓨터는 단순한 업무를 넘어 그 이상을 해내고 있고 암기한 내용을 그대로 출력하는 것은 인간이 컴퓨터를 따라갈 수조차 없다. 컴퓨터가 할 수 없는 일을 해야 하는 우리 아이들에게 비판적 사고력은 꼭 필요한 능력이다.

주입식 교육은 아이가 스스로 생각하지 않고 학습 내용을 수동적으로 받아들이게 한다. 하지만 아이가 학습한 내용을 말할 수 있으려면 적극적으로 생각해야만 한다. 비판적 사고력은 새롭게 알게 된 지식을 기존 생각과 연결짓는 과정에서 나오는데 연결이 잘 안 되면 충돌이 생긴다. 여기서 발생하는 생각의 충돌이 비판적 사고력이다. 연결이 잘 되었다면 새로운 사고로 이어지고 이것이 바로 창의력이다.

유대 사회에는 '하나를 듣고 한 가지를 외우는 것보다 한마디 말을 듣고 세 마디 말을 할 수 있어야 진정한 교육이다.'라는 속담이 있다. 말하기가 최고의 공부라는 것을 아는 유대인은 오래전부터 말하기를 강조해왔다. 공부한 내용을 말로 설명하면 지식의 구조가 그려지고 인과 관계가 명확해지며 머릿속에서 정리된다.

유대인 학교에서는 좋은 질문을 하는 학생이 리더가 된다. 어떤 말을, 어떻게 하느냐가 그 사람을 나타낸다. 유대인은 '지혜는 듣는 데서 시작되는 게 아니라 말하는 데서 시작된다.'라는 격언을 철저히 지킨다. '왜'라는 질문을 당당히 던지며, 스스럼없이 자기 생각을 말한다. 아이를 리더로 키우고 싶다면 질문하게 하자. 언뜻 엉뚱하고 어리석어 보이는 질문에도 "아주 대단한 질문이구나."라고 칭찬해보자.

아이와 이렇게 해보는 건 어때요?

▸ 등교하기 전 아이와 '선생님께 질문하기 임무' 게임을 해보세요. 하루에 한 번 질문하기를 시작으로 질문 개수를 늘려가세요.

▸ "좋은 질문이야"라고 질문 내용을 칭찬하지 말고, 질문을 하는 행동 자체를 크게 칭찬해 주세요. "질문하는 용기가 대단해." "질문해줘서 덕분에 엄마도 생각해 보게 되었네. 고마워."

▸ 아이의 질문에 답을 하는 대신 한 번 더 질문하세요. "그 질문에 대해 너는 어떻게 생각해?"

| 4 |
정답이 아닌
해답을 찾아가는 길

'□+□=5' 빈칸에 들어갈 숫자는? '2+3=□' 빈칸에 들어갈 숫자는? 앞의 문제는 유대인의 초등 수학 문제고, 뒤에 있는 것은 우리나라 초등 수학 문제다. 유대인의 수학 문제는 정답이 여러 개가 나오지만 우리나라 수학 문제의 정답은 하나다.

정답이 하나인 우리나라의 교육은 결과를 중요하게 여긴다. 정답이거나 오답, 상반된 두 결과만이 존재한다. 유대인은 여러 답이 나올 수 있는 질문을 하며 정답보다는 답을 찾아가는 과정을 중요하게 여긴다.

공부 자체가 목적이다

'푸앵카레의 추측'은 100년 가까이 수학자들을 괴롭힌 문제였다. 많은 수학자가 증명에 도전했지만 실패했다. 유대인 그레고리 페럴만은 36세에 정식 논문 저널도 아닌 인터넷 저널에 3쪽짜리 논문을 올렸다. 수학계가 발칵 뒤집혔다. '푸앵카레의 추측'을 증명한 것이다. 그는 수학자들이 전혀 생각하지 못한 방법으로 문제를 간단히 풀었다. 페럴만은 공로를 인정받아 수학계 최고상인 필즈상 수상자로 선정되었다. 그러나 그는 수상도, 상금 100만 달러도, 세계 최고 권위의 러시아 아카데미 정회원 위촉도 거절했다. 이후 다른 상들도 모두 수상을 거부했다.

사람들은 페럴만을 두고 100만 달러라는 상금에 눈독을 들인 것이라는 반응을 보였고, 동료 수학자들조차 그를 시기하고 질투했다. 그러나 페럴만은 100만 달러의 상금을 거절하며 이렇게 말했다. "내가 우주의 비밀을 쫓고 있는데 100만 달러를 쫓겠는가?" 어려운 문제를 풀고 난 뒤 성취감이 그에게는 최고의 보상이었다.

공부를 출세의 수단으로 삼느냐, 공부 자체를 목적으로 삼느냐에 따라 결과는 크게 달라진다. 유대인이 노벨상을 비롯한 여러 분야에서 걸출한 인재를 배출하는 이유는 공부를 대하는 태도에 있다.

유대인은 부와 명예를 목표로 공부하지 않고 호기심으로 공부하는 것 자체에 자부심을 느낀다. 그렇다면 우리나라 학생들이 공부하는 이유는 무엇일까? 한국직업능력개발원이 발표한 보고서에 의하면 한국 고등학교 학생들이 공부하는 가장 큰 이유는 '미래를 준비하기 위해서'였다. '앞으로 하고 싶은 일을 하기 위해서'와 '좋은 직업을 가지기 위해서', '돈을 많이 벌기 위해서'가 주된 이유로 나타났다. '배우고 익히는 것이 즐거워서'라는 학생은 10명 중 3명 이하였다. 부모님이 시켜서 공부한다는 학생도 10명 중 2명이었다.

많은 우리나라의 학생들은 공부의 이유를 자신 밖에서 찾고 있다. 공부는 미래를 대비하는 수단일 뿐 공부 자체가 목적이 아니다. 물론 미래를 대비하는 공부도 필요하지만 공부를 하는 현재가 즐거워야 학습 효과가 높다. 의무적으로 하는 공부도 효과는 있지만 진짜 공부가 될 수 없다.

배우는 과정의 중요성

과정 중심 공부는 문제를 잘 푸는 공부가 아니라 문제의 배경을 생각하기에 이 문제가 우리 삶에 어떤 의미가 있는지 살펴보고 지혜를 얻는 매개로 대한다. 공부하는 태도가 달라진다. 유대인이 〈탈무드〉를 몇 번이고 반복해서 공부하는 이유가 여기에 있다. 반복해서 읽고 생각하면 처음에 보이지 않던 것들이 보인다.

　우리나라에서는 초등학교 저학년 때 이미 구구단을 다 외운다. 하지만 유대인 아이들은 구구단을 외우지 않는다. 구구단이 만들어지는 원리를 공부한다. 가로 5cm, 세로 4cm인 직사각형의 넓이를 구하는 문제를 풀 때 우리 아이들은 구구단의 5단을 떠올리며 단박에 20cm²라고 답할 수 있다. 하지만 유대인의 수업에서는 짝을 지어 문제를 풀어보게 한다. 구구단을 모르기 때문에 아이들은 다양한 방법으로 넓이를 구한다. 어떤 아이들은 1cm씩 가로로 5칸을 그리고 세로로 4칸을 그려서 전체가 몇 칸인지 세어본다. 또 어떤 아이들은 모눈종이를 가져와 가로로 5칸, 세로로 4칸을 색칠하며 넓이를 구한다.

　팀마다 넓이를 구하고 나면 친구들 앞에서 어떤 과정으로 넓이를 구했는지 발표를 한다. 발표가 끝나면 기다렸다는 듯 질문이 쏟아지고 질문을 받은 아이들은 생각하고 대답한다. 이렇게 단순한 사각형의 넓이를 구하는 문제조차 유대인들은 생각하고 토론한다.

　우리 아이들이 구구단으로 1초 만에 풀 수 있는 문제를 몇 시간에 걸쳐 풀어낸다. 한국 부모들이 보면 답답해할 정도로 학습 속도가 느리지만 깊이가 있다. 그 깊이가 창의성과 지혜의 바탕이 된다.

'아이에게 고기 한 상자를 주면 며칠은 먹고 살 수 있지만, 고기 잡는 법을 가르쳐 주면 평생을 먹고 살 수 있다.' 유대인의 교육 철학을 보여주는 말이다. 유대인은 결과를 자녀 손에 쥐여주지 않는다. 과정을 익히게 한다. 과정을 알면 다른 어떤 상황에도 적용할 수 있다. 우리 교육이 유통기한이 짧은 이유도 여기에 있다. 빨리, 많이 암기하는 교육과 느리지만 깊이 있게 깨우치는 교육 차는 엄청나다. 한국 학생들이 많은 분야에서 두각을 보이지만 세상을 깜짝 놀라게 하는 이는 유대인이다.

해답은 있어도 정답은 없다

유대인은 지식에 대한 기본 개념을 중요하게 여긴다. 우리나라에서 수업은 교사가 개념을 설명하는 것에서 시작한다. 반면에 유대인 교사는 기본 개념을 설명하지 않는다. 학생 스스로 탐구해서 개념을 이해하고 토론을 통해 원리를 터득한다. 다양한 논리를 만들어내며 공부하기에 정답은 하나가 아니다.

'세 명의 유대인이 모이면 4개의 의견이 있다'라는 말이 있듯 해답에 이르는 논리가 있을 뿐 정답은 없다고 생각한다. 흑백논리로 문제에 정답과 오답을 가르는 우리와 달리 흑이 맞는 상황도, 백이 맞는 상황도 있다고 가르친다. 또 둘 다 옳은 새로운 가능성을 찾기 위해 노력한다.

유대인은 하나의 상황을 한 측면에서만 바라보지 않는다. 입장에 따라, 상황에 따라, 시대에 따라 다양한 경우의 수를 생각한다. 정답이 아닌 수많은 해답을 찾는 이유도 과정을 중요하기 여기기 때문이다. 내 생각이 부정당해도 더 나은 해답으로 이어진다면 그들은 기뻐한다. 유대인의 창의성이 뛰어난 데는 생각의 유연함이 있기 때문이다. 미래 사회는 하나의 원인이 단 하나의 결과로만 이어지지 않기에 생각의 유연함이 필요하다.

유대인에게는 등수로 표시되는 성적표가 없다. 등수로 아이의 실력을 알 수 있다는 개념 자체가 없기 때문이다. 공부가 시험 결과를 위한 것이 아니기 때문에 점수가 아니라 교과마다 성취해야 하는 목표를 둔다. 목표와 비교해 어느 정도 성취했는가를 평가해 성적표에 기록한다.

유대인 학교 시험은 선택형 문항보다는 서술형 평가 문항이 주를 이룬다. 시험에서는 분석적 사고력, 새로운 의견을 제시하는 능력, 종합하고 평가하는 능력 등 고차원 정신 능력을 측정한다. 시험의 목적은 사고력을 향상하는 데 있다.

비교하고 경쟁하는 교육은 소수의 승자와 다수의 패자를 발생시킨다. 아무리 열심히 노력해도 실패자가 나오는 구조이며 결과를 중요하게 여기기 때문에 과정은 쉽게 무시된다. 어떤 노력을 했는지는 관심 밖이고 결과가 성공적이면 성공한 사람이 된다. 결과 중심 교육은 아이의 인간성을 소외시킨다. 끊임없는 경쟁으로 우리 아이들이 고통받고 있다. 국가인권위원회에 의하면 2021 어린이·청소년 행복지수 조사에서 우리나라는 OECD(경제협력개발기구) 22개국 중 22위로 꼴찌를 기록했다. 청소년 사망 원인 1위가 자살이 된 지도 오래다.

결과보다 과정을 중요하게 여기는 것은 유대인이 삶을 대하는 태도다. 유대 격언에 '만약 천사가 눈앞에 나타나 〈토라〉의 모든 것을 가르쳐준다 해도 나는 거절할 것이다. 배우는 과정은 결과보다 훨씬 중요하다.'라는 말이 있다. 과정을 튼튼하게 하는 교육은 생존 능력을 키운다.

학교에서 성적이 우수한 학생들은 공부하는 과정에 놀라울 정도로 집중한다. 과정에 최선을 다하는 자세는 문제를 마주하는 삶의 태도로 이어진다. 교과 성적이 우수한 학생들이 동아리나 학생회 등의 다른 활동에서도 주도적 역할을 하는 것은 과정을 중시하는 것과 무관하지 않다. 공동체 의식과 문제해결 능력과 같은 미래 역량은 과정을 중시하는 부모의 양육에서 시작된다 해도 과언이 아니다. 급변하는 미래 사회를 주도하는 아이로 키우고 싶다면 과정에 집중해보자.

아이와 이렇게 해보는 건 어때요?

▸ 정답이 정해진 질문이 아닌 다양한 답이 가능한 질문을 하세요.

▸ 지식을 묻는 것이 아닌 아이의 생각을 키우는 질문을 하세요.
"이것의 이름이 뭐지?"보다는 "이것의 이름을 뭐라고 지으면 좋을까?"

▸ 아이가 흥미 있어 하는 분야를 부모님도 공부하면 좋아요. 같은 주제로 이야기를 나누면 아이가 어떤 것에 관심이 있는지 알 수 있어요.

▸ 공부가 수단이 아닌 목적 그 자체라는 것을 자주 이야기해 주세요.

| 5 |
공부는 재미있어야
잘 할 수 있다

유대인 부모는 '교육'을 종교적 의무라고 생각한다. 철저하게 자녀를 교육한다. 자녀에게 '배우려는 태도'를 물려주기 위해 끊임없이 공부한다. 유대인 아이들은 평생 공부하는 부모의 모습을 보며 자란다. 공부하지 않는 삶은 유대인의 것이 아니라는 생각을 한다. 공부를 계속하는 데 필요한 것은 '즐거움'이다. 아무리 좋은 것도 재미가 없으면 오랫동안 할 수 없다. 유대인 부모가 글을 읽기 시작하는 자녀에게 알려주는 것은 단 하나다. "배움은 꿀처럼 달콤하다."

즐거움이 모든 일의 시작

유대인에게 '살아있다'와 '배운다'라는 것은 동전의 양면과 같다. 살아있는 동안 유대인은 항상 배웠다. 배우는 것은 신에게 부여받은 성스러운 일이다. 나이가 많아도 배우는 것은 당연한 일이다. 유대인 부모는 자녀가 배움의 즐거움을 느낄 수 있도록 노력한다. 즐거운 공부, 재미있는 공부가 평생 공부의 원동력이기 때문이다.

유대인 아이들은 세 살이 되면 〈탈무드〉와 〈토라〉를 공부한다. 자녀에게 처음 책을 접하게 하는 유대인 부모는 책장에 꿀을 한 방울 떨어뜨린다. 아이가 책장을 넘기며 손에 묻은 꿀을 먹게 함으로써 '배움은 꿀처럼 달콤하다'라는 것을 느끼게 한다. 초등학교에서도 등교하는 첫날 손가락에 꿀을 찍어 히브리어 알파벳을 쓰게 한다. 손에 묻은 꿀을 빨아 먹으며 아이들의 얼굴은 환하게 빛난다. 달콤한 배움의 기억이 평생 아이에게 남는다.

유대인 부모는 꿀을 먹으며 행복해하는 아이에게 말한다. "앞으로 살면서 어려운 상황에 부닥치면 책을 펼쳐 봐. 어려움을 극복할 수 있는 지혜가 책 속에 있단다. 책을 가까이하면 인생이 달콤해진단다." 유대인 아이는 배우는 것이 달콤하다는 것을 오감으로 느낀다.

유대인이 어린 자녀에게 공부의 즐거움을 알려주기 위해 노력하는 이유는 무엇일까? 즐거움이 모든 일의 기초가 되기 때문이다. 공부도 마찬가지다. 즐거움을 느끼며 공부하는 아이와 그렇지 않은 아이의 차이는 학년이 올라갈수록 커진다. 한국직업능력개발원의 보고서에 따르면 배우는 것이 즐거워서 공부한다는 응답에서 과학고 점수가 가장 높았다. 외국어고가 뒤를 이었고, 마이스터고, 일반고 순이었다.

즐기는 사람은 아무도 이길 수 없다

학습은 기억력에 많은 영향을 받는다. 독일 심리학자 에빙하우스는 여러 집단에 의미 없는 문자나 숫자를 암기시키고 시간이 지날수록 학습 내용을 얼마나 기억하는지 측정했다. 암기 후 1시간이 지나면 절반 이상을 잊어버리고, 하루가 지나면 약 70%를 잊어버렸다. 한 달이 지나면 80%의 내용을 잊어버렸다. 에빙하우스는 한 달 후 남아있는 20%에 주목했다. 20%의 기억을 높일 수 있다면 암기력이 좋아질 것으로 생각했다.

에빙하우스는 암기력을 높이는 방법을 연구했다. 상관없는 단어 100개를 만들어 완벽 암기 실험을 하며 하루 안에 완벽 암기를 위해서는 얼만큼의 반복이 필요한지 측정했다. 하루 안에 외우기 위해서는 68회의 반복이 필요했다. 다음에는 3일에 걸쳐 암기해보니 38회 만으로 충분했다. 단기간에 몰아서 암기하기보다 시차를 두고 여러 번에 걸쳐 반복 암기하는 것이 효과적이었다.

같은 내용을 7회 정도 반복하면 암기율이 100%에 이르며 장기 기억으로 저장되었다. 에빙하우스의 연구는 지속적 반복이 망각을 극복하는 최선이라는 것을 알려준다. 반복하는 데는 즐거움이 필요하기 때문에 즐거움이 없는 공부를 꾸준히 하기는 어렵다.

유대인 랍비 예후다 하나시는 즐거운 공부의 효과를 이렇게 말했다. "공부가 즐거워야 잘 기억된다." 즐겁게 공부하면 학습 효과가 높다. 배움은 수단이 아니고, 과정이다. 배움을 통해 무엇이 되겠다거나 무엇을 이루겠다는 것은 배움의 결과일 뿐이다. 즐겁게 공부했다면 좋은 결과는 중요하지 않다. 유대인은 핍박받은 역사에서 배움을 즐기고 배움을 통해 현실을 극복했다. 유대인에게 배움은 그 자체로 문화다.

〈탈무드〉에는 '스스로 좋아서 하는 일이 곧 잘하게 된다.'라는 말이 있다. 좋아하지 않는 일을 잘하기는 어렵다. 논어에도 '알기만 하는 사람은 좋아하는 사람만 못하고, 좋아하는 사람은 즐기는 사람만 못하다.'라는 말이 있다.

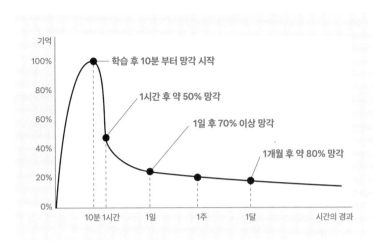

공부하겠다는 마음

OECD에서 시행하는 2015년 국제학업성취도평가^{PISA}에서 우리나라 학생의 과학 성적은 5번째로 높았다. 2018년 평가에서 수학은 가장 높은 성적을 받기도 했다. 하지만 과학과 수학의 흥미도는 26위, 28위를 기록하는 등 OECD 평균 이하 수준이었다. 한국 학생들의 높은 성취도에 비해 낮은 흥미는 한국 교육의 문제점을 보여준다. 외국 학자들은 한국 학생들이 배움의 즐거움을 느끼도록 하는 것이 관건이라고 입을 모은다. 오리건대학교 교수 용 자오는 "아시아 국가들은 교육하는 것이 아니라 시험을 준비시킵니다."라며 시험 중심의 교육을 지적했다.

높은 성취도에 비해 낮은 흥미도는 한국 교육이 가진 모순을 보여준다. 이주도 KDI 국제정책대학원 교수는 학습에 대한 흥미와 즐거움, 성취동기, 인내력은 학습자의 자기 주도 학습역량과 밀접하게 연관돼 있다며 우리나라 학생들이 자기 주도 학습역량을 갖추지 못했다고 분석했다.

자기 주도 학습역량은 부모와 자녀의 관계에 영향을 받는다. 자기 주도 학습을 잘하는 아이들의 부모는 민주적인 양육 태도로 자녀에 대한 허용도가 높으며 애정을 가지고 교육한다. 자녀를 과보호하거나 권위적인 부모의 자녀는 자기 주도 학습역량이 낮다. 부모와 자녀 간의 상호 신뢰가 자기 주도 학습역량을 키운다.

공부는 머리로 하는 거라고 생각하지만 실제로는 그렇지 않다. 공부는 마음으로 한다. 공부를 잘하기 위해서는 공부를 즐기는 마음이 있어야 한다. 그동안 학교에서 만난 공부를 잘하는 아이들은 공부해야겠다는 마음이 들어서 스스로 공부하기 시작했다고 말했다.

이스라엘의 사회 심리학자인 코즈 박사는 아이의 학습 의지를 높이기 위해서는 부모가 지나친 간섭을 자제해야 한다고 말한다. 부모의 간섭과 잔소리가 많아질수록 아이의 적극성은 감소하고 공부가 스트레스로 다가온다. 유대인 부모는 공부하라는 말 대신에 배움의 달콤함을 알려주기 위해 노력한다. 이후의 선택과 판단은 자녀의 몫으로 남겨둔다. 자녀가 주도적으로 자신의 삶을 살아갈 수 있도록 인내심을 가지고 지켜본다.

유대인은 '공부'라는 말보다 '배움'이라는 말을 많이 쓴다. 배움이라는 단어에는 주체가 분명하게 드러나기 때문이다. 세상을 알아가는 즐거움, 지혜를 깨우치는 희열을 위해 배운다. 배움의 즐거움을 위해 아이의 관심이 어디로 향하고 있는지 살펴볼 때다.

아이와 이렇게 해보는 건 어때요?

▸ 아이가 좋아하는 것을 긍정적으로 인식하고 존중해주세요.

▸ "왜 너는~"이라는 말은 아이가 낙인찍혔다는 부정적 느낌이 들게 해요. 원인이나 이유를 찾는 대화법을 쓰면 아이와 관계를 해치지 않고 해결 방법을 찾을 수 있어요. "왜 너는 공부를 안 하니?"라는 말보다 "네가 공부를 하지 않는 이유가 뭘까?"

▸ "공부해"라는 지시형 말보다 "같이 배워 보자"라는 청유형 표현을 사용하세요.

▸ 아이가 주체가 되어 배울 수 있는 체험학습을 한 후 소감 나누기를 통해 배움의 즐거움을 가르치세요.

6
공부의 핵심은
독서

유대인은 흔히 '책의 민족'이라고 불릴만큼 책을 많이 읽고 소중히 여긴다. '책의 민족'이라는 표현은 이슬람교 경전인 〈쿠란〉에서 유대인을 지칭하며 쓴 표현이다. 다른 민족과 구분 지을 만큼 책을 읽고 글을 쓰는 유대인의 모습이 특징적이었다는 말이다. 유대인 부모는 매일 밤 자기 전에 자녀에게 책을 읽어주며 독서를 생활화한다. 독서의 가장 큰 장점은 읽는 이마다 다르게 상상하고 생각한다는 점이다. 미래 사회에서 나만의 콘텐츠를 만드는 능력은 읽기에서 시작된다.

리더^{reader}가 리더^{leader}로 성장한다

한 민족의 위대함은 보통 유물과 유적으로 남는다. 그들이 세운 제국과 전쟁의 흔적, 아름다운 건축물과 예술작품이 과거의 영광을 증명한다. 유대인도 이런 기준에서 어느 정도 성취를 이루었지만 로마 제국에 의해 대부분 파괴되었다. 하지만 유대인은 책의 민족으로 살아남았고 평생 책을 놓지 않는다. 임신부는 뱃속 아기에게 책을 읽어준다. 심지어 묘지에도 책을 가져다 둔다.

글을 읽지 못하는 사람들이 대부분이었던 시대에도 유대인은 책을 가까이했다. 기원전 5세기 페르시아 왕 아르타크세르크세스 1세 시대에 유다왕국 지방 총독이었던 느헤미아는 다음과 같이 기록했다. '이 지방에는 도서관이 숱하게 많다. 더 놀라운 점은 도서관에는 언제나 사람들이 가득 모여 있다.' 유대인은 삶의 모든 지혜를 책에서 구했다.

유대인이 책을 보물처럼 소중하게 여긴 사례는 또 있다. 고대 유다왕국에서는 책이 낡아 글자가 희미해지고 책장이 떨어져 더는 볼 수 없게 되어도 책을 버리지 않았다. 사람들이 모여 성자를 매장하듯 구덩이를 파고 정성껏 책을 묻어주었다. 유대인을 비난하는 책도 마찬가지였다. 〈탈무드〉에는 '돈을 빌려달라고 할 때는 거절해도 좋

으나 책 빌려주기를 거절해서는 안 된다'라는 말이 있다. 실제로 18
세기 라트비아의 유대인 지역에서는 책을 빌려주기를 거절하는 사
람에게 벌금을 물게 했다는 기록도 있다.

유대인은 사회를 이끄는 인재가 되는 비결이 독서에 있다고 믿는
다. 세상을 바꾸는 결정적 인물 중에 유대인이 많다는 사실은 독서
의 중요성을 실감하게 한다. 미국 보스턴대 연구팀은 18~24개월 사
이에 부모가 책을 많이 읽어준 아이들이 이후 학교에서 높은 학업
성취를 보였다는 것을 밝혀냈다. 인지과학자 매리언 울프는 저서
《책 읽는 뇌》에서 "독서는 뇌가 새로운 능력을 학습해 지능을 확대
해가는 방법을 보여준다."라고 강조한다. 독서를 통해 두뇌가 우수
해진다는 말이다.

책 없이 살 수 없는 삶

유대인이 책을 소중하게 여긴 이유는 책에서 나오는 지성의 힘을
알았기 때문이다. 책은 단순히 지식을 습득하는 도구가 아니라 정의
를 추구하고 이를 실천할 용기와 의지를 다질 수 있게 해준다. 실천
하는 정의가 진정한 지성이기에 중세 유럽의 통치 세력이 가장 두
려워했던 이들은 유대인이었다. 유대인은 권력에 따르는 대신 책이

가리키는 방향이 진리라 여겼기에 통치자들에게 유대인은 눈엣가시 같은 존재였다.

그래서 1492년 스페인에서는 알람브라 칙령으로 4~10만 명에 이르는 유대인을 추방했다. 알람브라 칙령 당시 스페인의 의사 대부분이 유대인이었고, 은행가, 상인, 고리대금업자, 왕실 재정 담당자도 주로 유대인이었다. 스페인 왕실은 가톨릭 세계를 지키겠다는 명분으로 유대인을 추방했지만 유대인이 네덜란드나 아랍 세계로 이주하며 스페인은 쇠락의 길을 걷기 시작했다. 유대인을 받아들인 나라에서는 이런 말이 떠돌았다. "우리를 부자로 만들기 위해 스페인은 가난을 택했다."

추방당해 유랑하는 중에도 유대인은 자녀 손에 책을 쥐여주며 책 없이는 생존할 수 없다는 것을 몸으로 익히게 했다. 이스라엘의 존경받는 랍비 임마뉴엘은 이렇게 말했다. "만일 당신의 자녀가 옷과 책에 잉크를 쏟았거든 책을 먼저 닦고 옷을 닦게 하라. 만일 지갑과 책을 동시에 땅에 떨어뜨렸다면 우선 책을 줍고 나서 지갑을 줍게 하라." 유대인 부모는 언제나 책을 우선하도록 가르쳤다. 유대인 가정의 거실에는 TV 대신 책장이 있고 손을 뻗으면 닿을 거리에는 어디에나 책이 있다.

유대인의 지능은 평균 94점으로 세계 45위에 불과하다. 106점으로 세계 2위를 차지한 한국인에 비해 낮다. 그럼에도 유대인이 노벨상의 30%를 차지할 정도로 뛰어난 이유는 독서에 있다. 이스라엘은 세계 2위의 출판량을 자랑하는 국가이자 전 세계에서 인구 대비 도서관과 출판사를 가장 많이 보유한 국가다. 타고난 지능이 아닌 독서의 양과 질이 진짜 실력을 만들어낸다. 유대인 부모는 자녀가 어려서부터 책을 가지고 놀고 책을 만지며 잠들게 한다. 책이 없는 삶을 생각하지 못할 정도로 독서 습관을 만들어준다.

미래는 오래된 책에 담겨있다

유대인의 독서량은 세계 최고다. 유네스코 조사에 의하면 유대인의 연간 독서량은 64권이다. 일주일에 한 권 이상을 읽는다는 말이다. 우리는 어떨까? '국민 독서실태 조사'에 따르면 2019년의 한국인 연간 독서량은 6.1권이었다가 2021년에는 4.5권으로 줄었다. 국민 두 명 중 한 명은 일 년에 책을 한 권도 읽지 않았다.

한 해에 60권 이상의 지식을 습득하는 유대인과 4권을 읽는 우리의 차이는 크다. 학생들은 독서가 어려운 이유로 '스마트폰, 인터넷 게임'을 가장 많이 꼽았다. 영상 콘텐츠 시대가 도래하며 활자로 쓰인 책이 한국인에게 더욱 멀어지고 있다.

유튜브나 SNS 같은 미디어도 정보를 제공하지만 독서와 결정적 차이는 생각의 질이다. 영상은 정보를 받아들이기만 해도 되기에 더 쉽고 매력적이다. 독서는 독자가 읽고 이해하고 채워넣어야 하는 과정이 필요하다.

KT그룹의 디지털 미디어 랩에서 조사한 결과에 의하면 한국의 10대 인터넷 이용자 10명 중 7명은 유튜브를 통해 자료를 검색한다. 우리 아이들이 글을 읽으며 정보를 찾지 않는다는 것을 보여준다. 읽기의 힘을 잃어버리면 미래를 개척할 수 없다. 유튜브를 인수한 구글이 유대인의 기업이라는 점을 생각하면 유튜브의 알고리즘을 개발하는 힘도 독서에서 나온다.

유대인은 베갯머리 독서로 아이의 미래 역량을 기른다. 아이가 어릴 때부터 매일 밤 베갯머리에서 책을 읽어준다. 〈탈무드〉나 〈토라〉에 나오는 우화나 동화책을 읽어주며 아이와 대화를 나눈다. 베갯머리 독서를 통해 아이는 부모의 사랑을 느끼며 정서적으로 안정되고 지적 호기심과 상상력이 풍부해지며 언어 감각이 발달한다. 괴테와 더불어 독일이 낳은 세계적 시인이라 평가받는 하이네와 《변신》을 쓴 프란츠 카프카 등 상상력이 뛰어난 예술가 중 유대인이 많은 이유다.

유대인 독서 교육의 특징은 베갯머리 독서처럼 일상생활에 스며

들게 한다는 점이다. 자녀에게 책을 읽어주고, 책을 읽고 아이와 대화를 나누는 일은 특별한 방법은 아니지만 꾸준하게 해야 하는 어려운 일이다. 즐겁고 자발적인 독서가 책을 좋아하는 아이로 만든다. 그러니 아이에게 필독서를 강요하기보다 아이가 읽고 싶은 책을 읽게 하는 것이 중요하다. 많은 책을 읽기보다 한 권의 책을 읽더라도 깊이 읽을 수 있도록 인상적이었던 구절을 함께 나누고, 왜 그렇게 생각하는지 물어보자. 진지하면서도 즐거운 대화는 책을 더 깊이 있게 이해할 수 있게 해줄 것이다.

학년이 올라갈수록 우리 아이들은 책 대신 스마트폰을 본다. 책을 읽는 학생들은 많지 않다. 하지만 여전히 책을 읽는 소수의 학생들이 있는데 이들은 성적을 올리기 위해서가 아니라 재미있어서 책을 읽는다. 유대인 부모는 책을 재미있게 느끼는 아이로 만들기 위해 책 자체를 목적으로 하는 지혜를 발휘한다. 책을 대화의 소재로 삼고, 오락거리처럼 책을 읽는 가정 문화가 책 읽는 아이를 만든다.

유대인은 책을 많이 읽기만 할 뿐 지혜롭게 사용하지 못하는 사람을 '책을 가득 실은 당나귀'에 비유한다. 지성을 기르기 위해서는 '살아있는 독서'가 필요하다. 생각하며 책을 읽으면 논리력이 향상된다. 문장 사이, 문단 사이의 여백을 통해 아이는 자신의 머릿속으로 이미지를 그려본다. 평소 사용하지 않던 뇌 영역이 활성화되며 새로운 아이디어가 떠오른다. 창의력이 발현되는 순간이다. 테슬라의 CEO 일론 머스크는 지금까지 1만 권이 넘는 책을 읽었다고 한다. 미래 사회는 가장 아날로그적인 책에 담겨있다.

아이와 이렇게 해보는 건 어때요?

▸ 짧은 글을 소리 내어 읽어보며 집중력을 기르게 하세요.

▸ 서점이나 도서관에 데려가서 아이가 직접 읽고 싶은 책을 고르도록 하세요.

▸ 아이가 유튜브 등의 영상을 지나치게 많이 보지 않도록 사용 시간을 약속하고 시간을 지키며 볼 수 있도록 해주세요.

▸ 많은 책을 읽기보다 한 권을 깊이 읽는 것이 좋아요. 책에 관해 이야기 나누며 아이가 스스로 생각하는 것이 중요해요.

▸ 책을 읽으며 중요하다고 생각되는 부분에 밑줄 긋기 놀이를 해보세요. 밑줄 그은 부분이 왜 중요하다고 생각하는지 아이에게 물어보세요.

| 7 |
공부의 맥을 잡고
성적을 결정하는 메타인지

지난 2016년 3월 세계의 이목이 대한민국으로 쏠렸다. 세계 최정상 바둑 기사인 이세돌 9단과 알파고의 바둑 대결이 열렸다. 알파고 AlphaGo는 구글 딥마인드가 개발한 인공지능AI 바둑 프로그램이다. 바둑이라는 머리싸움에서 인간과 AI 최초의 대결이었다. 대다수 전문가는 이세돌의 우세를 전망했다. 하지만 결과는 1승 4패. 이세돌의 패배와 AI의 위력에 사람들은 큰 충격에 빠졌다. 인간을 위해 개발된 과학기술이 인간을 넘어서는 영화적 상상이 현실이 되어 눈앞에 벌어진 것이다.

AI가 넘볼 수 없는 인간만의 능력

미국의 '두낫페이'라는 이름의 변호사는 법적으로 완벽한 이의신청서를 쓰는 걸로 유명하다. 이 변호사는 주차위반 통지서를 받고 이의를 신청하려는 사람들을 도와 최근 3년 동안 37만 5천여 건의 벌금 통지를 막았다. 수임료를 받지 않아 이름도 '두낫페이'인 이 변호사는 인간이 아닌 AI다. 법률 같은 전문 분야에서도 AI가 인간의 역할을 대신하기 시작했다. 앞으로 AI가 인간보다 더 나은 인식 능력을 가질 거라는 전망도 나온다.

그렇다면 AI가 넘볼 수 없는 인간만의 인지 능력은 없을까? 뇌 과학자들은 '메타인지 능력'이 대안이 될 수 있다고 주장한다. 메타인지 능력은 뇌가 자신을 스스로 분석하는 능력으로 인간 뇌의 고유 영역이다. 메타인지는 발달심리학자인 존 플라벨에 의해 제시된 용어로 '자기 생각을 판단하는 능력'이다. 자신이 알고 있는 것을 깨닫고 이를 조절, 통제하는 자기성찰 능력으로 바꿔말하면 객관적으로 자신을 바라보는 힘이다.

인류의 스승은 수천 년 전부터 메타인지의 중요성을 알고 있었다. 공자는 "아는 것을 안다고 하고 모르는 것을 모른다고 하는 것, 그것이 앎이다."라고 했다. 소크라테스는 "너 자신을 알라."는 말을 통혜 객관적으로 자신을 보게 했다. 자신이 어떻게 생각하는지, 무엇을 알고 무엇을 모르는지 파악하는 힘이 바로 메타인지다.

하버드대 물리학자 새뮤얼 아브스만은 《지식의 반감기》에서 미래 사회로 갈수록 지식의 유효기간이 짧아진다고 주장한다. 지식을 많이 습득하는 것이 실력인 시대가 저물고 있다. 다양한 지식을 습득하기보다 활용하는 능력이 필요한 시대다.

미래학자들은 미래 일자리의 60%는 아직 만들어지지 않았다고 말한다. 앞으로는 평생 하나의 직업만 가지고 살 수 없을 것이고, 우리 아이들은 10개 이상의 직업을 가지며 살아갈 것이다. 미래가 불확실하다는 것만이 확실한 미래 사회를 살아가기 위해 필요한 것은 많이 아는 것이 아니라 자신이 알고 있다는 것을 아는 것이다.

아는 것과 모르는 것을 구분하는 능력

EBS 다큐멘터리 〈학교란 무엇인가〉 제작팀은 한 실험을 했다. 수능 모의고사 전국 석차 상위 0.1%의 학생들과 평범한 학생들이 대상이었다. 이들에게 연관성이 없는 단어 25개를 보여주고 두 가지 질문을 했다. 첫 번째로 몇 개의 단어를 기억한다고 생각하는지 예상치를 물었고 두 번째로는 실제 기억하는 단어를 물었다. 상위 0.1% 학생들과 일반 학생들이 기억하는 단어 개수는 비슷했다. 차이는 몇 개를 기억한다고 생각하는지 예상치에 있었다. 상위 0.1% 학생들은 예상한 개수와 실제 기억하는 개수가 거의 일치했다. 그에 반해 일반 학생들은 예상 개수와 실제 기억하는 개수 차가 컸다.

상위 0.1% 학생과 일반 학생들의 지능지수는 비슷했다. 부모의 경제력이나 학력에서도 큰 차이가 없었다. 차이는 오직 자신이 얼마나 알고 있는지에 관한 판단 능력이었다. 공부를 잘하는 학생들은 아는 것과 모르는 것을 구분하는 능력이 우수했고 몇 개를 아는지 정확히 말할 수 있었다. 반면에 일반 학생들은 안다고 착각하는 경향이 높았고 자신의 예상 개수보다 실제 기억하는 개수가 적었다. 자신이 얼마나 알고 있는지를 제대로 아는 것이 메타인지 능력이다.

유대 속담에 '이것도 저것도 전부 알려고 하는 자는 그 전에 수명을 다하고 만다.'라는 말이 있다. 지식의 전체상을 알지 못하고 구체적인 모든 것을 알려고 하는 어리석음을 빗댄 말이다. 지식의 전체상을 아는 것이 메타인지 능력이다.

공부하는 내용이 전체의 어느 부분에 해당하는지를 알아야 아는 것과 모르는 것이 분명해진다. 나무는 보고 숲은 보지 못한다는 우리 속담도 전체를 보고 판단하는 능력의 중요성을 담고 있다. 유대인 부모는 전체를 큰 틀에서 파악하도록 가르친다. 상세한 부분을 공부하는 것은 그다음이다.

공부를 잘하는 아이는 메타인지 능력이 우수하다. 아는 것과 모르는 것을 정확하게 파악하고 아는 부분은 넘어간다. 모르는 부분만 공부하면 되기 때문에 학습 효율이 높다. 아는 부분은 안다는 것에 대한 확신이 있고 모르는 부분은 어떻게 계획해서 공부하면 된다는 것을 알기에 자기주도학습이 가능하다.

하지만 메타인지가 부족한 아이는 '선택과 집중'의 공부법을 모르기에 주어지는 수업을 그대로 받아들인다. 공부 시간은 긴 데 비해 성적이 오르지 않는다. 시험을 보고 "아는 문제인데 틀렸다."라고 말하는 아이들이 있다. 메타인지 능력이 부족한 대표적 사례로, 안다는 착각을 한 것이다.

메타인지 능력은 향상될 수 있다

인간이 인공지능에 패한 경험은 이세돌 9단이 처음은 아니다. 과거 체스 경기나 퀴즈쇼 등에서도 인공지능은 인간을 이겼다. 모두가 인류의 미래에 대한 불안감에 주목할 때 인지심리학자들은 인간의 독특한 사고방식에 초점을 두었다.

인공지능이 가지지 못한 인간만의 특별한 능력은 '모른다'라고 대답하는 속도였다. 컴퓨터는 아는 것에 대해서는 사람보다 빨리 대답할 수 있지만 모른다는 대답은 빨리하지 못한다. 모른다는 사실을 알기 위해서는 모든 정보를 다 검색해야 하기 때문이다. 이에 반해 인간은 1초도 안 걸려 모른다고 말할 수 있다. 모른다고 빨리 말할 수 있는 능력이 메타인지 능력이다.

메타인지를 키울 수 있는 가장 효과적인 방법이 말하기다. 말로 설명하다 보면 아는 부분과 모르는 부분이 명확해진다. 아는 부분은 새로운 예를 들어가면서도 설명할 수 있다. 그렇게 설명하다 보면 막히는 부분이 생기고 모르는 부분을 발견할 수 있다. '말로 설명하지 못하는 것은 아는 것이 아니다.'라는 유대 격언이 있다. 하부르타로 유대인 아이들은 어릴 때부터 메타인지 능력을 키워간다.

우리는 흔히 공부를 잘하는 아이는 머리가 좋을 것이라고 생각한다. 하지만 공부할 때 지능지수[IQ]보다 더 관련이 깊은 능력은 메타인지다. 뇌 과학자들에 의하면 지능지수는 성적의 25%를 설명할 수 있고 메타인지는 성적의 40%를 설명할 수 있다고 한다.

메타인지는 자신의 수준을 파악한 데서 끝이 아니라 이후 계획과 실행을 조절하는 등 자기조절 능력이 포함된다. 메타인지 능력이 우수한 아이는 효율적 학습을 계획하고, 학습 동기를 높일 수 있다. 한마디로 자기주도학습 능력이 우수하다. 메타인지가 지능지수보다 성적을 더 잘 설명할 수 있는 이유다.

메타인지는 지능지수[IQ]와 달리 훈련으로 향상될 수 있다. 서울대

생의 평균 IQ가 117점이라는 조사 결과가 있을 정도로 학업 성취는 지능 문제가 아니다. 타고난 지능이 아닌 훈련된 메타인지가 중요하다. 리사 손 컬럼비아대 심리학과 교수는 메타인지 능력을 발달시키는 방법으로 누군가를 가르치는 방법을 권한다. 또한 독서 후 질문과 대답하기가 필요하다고 말한다. 이 두 가지 방법은 오천 년 유대인의 오래된 학습법으로 오래전부터 유대인은 메타인지의 비밀을 알고 있었다.

메타인지 능력이 우수한 아이는 자신을 잘 안다. 세부적인 공부에 매달려 공부의 맥을 잡지 못하는 아이와 결과가 다를 수밖에 없다. 고학년으로 올라갈수록 학업 성적이 향상되는 아이들은 메타인지가 뛰어나다. 이러한 학생들은 특히 시험을 대비하는 학습 계획을 세울 때 교과의 특성과 자기의 공부 정도를 따져 계획을 세운다. 교과서를 몇 번 읽을 것인지, 내용정리는 언제 어떻게 할 것인지, 프린트와 문제 풀이는 언제 하는 것이 효과적인지 등을 계획한다. 학습 플래너에 그날 그날의 공부 내용와 분량 등을 적으며 철저하게 자기만의 공부법을 마련한다. 스스로 공부하는 아이는 공부하는 재미를 느낀다.

메타인지를 향상하는 방법으로 아주대학교 김경일 교수는 '모른다'라는 대답을 빨리하라고 제안한다. 당당하게 모른다고 대답할 수 있는 사회가 더 나은 해답을 찾는 기회를 제공한다. 리사 손 교수도 '천재적 인간'을 선호하는 사회 분위기를 지적한다. 적은 시간을 공부하고 좋은 성과를 올리는 천재는 시행착오를 겪지 않는다. 실수를 통해 발전하려고 노력하는 인간만이 메타인지 능력을 키울 수 있다. 인간을 부족한 존재라 여기는 유대인의 지혜가 필요하다.

아이와 이렇게 해보는 건 어때요?

▸ 책상이나 가방을 정리하는 습관을 통해 구조화하는 사고방식을 갖게 하세요.

▸ '엄마를 가르쳐라' 놀이를 통해 아이가 배운 내용을 엄마에게 가르치도록 해보세요.

▸ 한주, 한 달, 한 학기의 학습 계획을 세워 스스로 학습을 관리하는 능력을 기르게 하세요.

▸ 학습 내용을 구조화해서 그려보는 연습을 통해 학습 내용을 전체적으로 보는 눈을 기르게 하세요. 교과서의 목차를 이해하는 것이 중요해요.

2장

꿈을 이루어주는
경제 교육

| 1 |
경제능력을 키워주는
집안일 교육

유대인 가정에서는 경제교육이 다른 어떤 교육보다 중요하다. 아무리 지적 능력이 뛰어나도 경제적으로 자립하지 못하면 사회적 인간이 될 수 없다고 여긴다. 유대인 부모는 이유 없이 아이들에게 돈을 주지 않고 어릴 때부터 집안일을 시키며 사회를 가르친다. 유대인 어린이는 집안일을 하며 책임감과 사회성을 배우고 집안에서 맡은 역할만큼의 용돈을 벌며 노동의 가치도 알게 된다. 어린아이에게 일을 시킨다는 의미가 아니라 미래 사회구성원으로서 살아갈 수 있도록 경제적 능력을 키워주는 일이다.

집안일 교육은 미래 생존 능력을 키운다

〈탈무드〉에는 이런 말이 있다. '아이에게 일을 가르치지 않는 것은 도둑질을 가르치는 것과 같다.' 자신의 생계를 유지하지 못해 도둑질한다면 그 책임은 부모에게 있다는 의미로 유대인이 철저히 경제교육을 하는 이유다. 유대인 부모는 자신과 아이를 동등한 인격체로 보기에 교육의 기준은 언제나 현재에 있다. 지금 하지 못하는 일은 미래에도 하지 못한다고 여긴다. 생계를 유지하는 능력이야말로 어렸을 때부터 배워야 하는 능력이다.

19세기 말 '석유왕' 존 데이비드 록펠러는 스탠다드 오일을 설립해 석유 산업을 일궜고 미국 역사상 최고의 부자라고 불렸다. 미국 자본주의 발흥 시기에는 많은 부자 가문이 있었다. 하지만 3대가 넘게 부를 유지한 건 록펠러 가문이 유일했다. 이렇게 부유한 가문에서 자란 록펠러도 어릴 때부터 아버지의 일을 도와 용돈을 벌어 썼다. 우유를 짜거나 농사일을 거들고 일한 내용을 장부에 기록해 일한 만큼에 해당하는 돈을 받았다.

유대인은 아이가 걷기 시작하면 간단한 심부름을 하거나 장난감을 치우게 하며 집안일에 참여시킨다. 서너 살에 시작하는 집안일은 대여섯 살이 되면 본격적으로 부모님을 돕는 일로 발전한다. 식탁

닦기, 신발 정리, 화분에 물 주기 등의 집안일을 하며 아이의 역할은 점차 커진다. 처음 집안일을 시킬 때는 아이와 관련된 일을 하지만 초등학교에 들어갈 무렵에는 침대 정리 등 완성된 집안일을 시킨다. 그러면서 아이가 하는 일이 가족에게 도움이 된다는 사실을 알 수 있게 칭찬과 격려를 아끼지 않는다.

우리나라 부모는 자녀교육에 최선을 다한다. 하지만 단 하나 부족한 부분이 집안일 교육이다. 아이가 집안일을 하는 것보다 그 시간에 공부하는 게 낫다고 생각해 집안일을 시키지 않는다. 집안일은 누구나 할 수 있는 일이라 여겨 지금 시킬 필요가 없다고 생각한다.

하지만 유대인 부모의 생각은 다르다. 집안일 교육은 생계유지 능력을 기르는 일이고 어렸을 때 가르치지 않으면 어른이 되어도 잘하지 못한다고 여긴다. 공부만 잘할 뿐 생계유지 능력이 없으면 아무것도 할 줄 모르는 사람이라 생각한다. 유대교 교사 랍비조차 생계를 위해 직업을 가지고 있다. 경제적 자립 속에서 종교를 실천하는 유대인의 현실감을 알 수 있다.

집안일 교육의 중요성

집안일을 잘 도운 아이와 그렇지 않은 아이가 성인이 되면 어떤 차이가 있을까? 이스라엘 잡지 〈가정교육〉에서 집안일의 효과를 조사했다. 집안일을 돕지 않으며 성장한 아이는 집안일을 도우며 성장한 아이에 비해 실업률이 5배 높았고 범죄율도 10배 높았으며 평균 수입은 20%나 낮았다. 집안일을 통해 생계유지 능력을 키운 아이들은 경제적 자립의 중요성을 알 뿐만 아니라 어렸을 때부터 해본 집안일로 일머리가 생긴다. 어떤 상황에 놓여도 직접 돈을 벌어 생활할 수 있는 힘이 생긴다.

몇 년 전 스페인 의회의 한 의원이 '아이의 권리와 의무'에 관한 법안을 내놓았는데 법안은 뜨거운 찬반 논쟁을 불러일으켰다. 논란이 되었던 부분은 '18세 이하 자녀들이 집안일을 해야 할 공동의 의무가 있다.'라는 부분이었다. 미성년자에게 집안일을 강제하는 것에 대해 반론이 컸지만, 사실 이 법안이 나온 이유는 민주시민의 자질을 키우는 데에 있었다. 가정에서 아이들이 책임감을 배우지 못하고 있다는 현실을 반영한 것이다.

발달심리학자인 리처드 렌드는 부모들이 자녀에게 성공을 위한 일에만 시간을 쓰도록 하는 양육을 지적했다. 이미 증명된 성공의 선행지표는 '아이에게 집안일을 시키는 것'이라고 말하기도 했다.

유대인 부모는 아이가 어릴 때부터 집안일을 시킨다.《유대인 엄마의 힘》의 저자 사라 이마스도 아이에게 집안일을 시키게 된 자신의 경험을 고백한다. 중국에서 아이를 키울 때는 좋은 대학에 가기만 하면 된다는 생각에 집안일을 전혀 시키지 않았는데 이스라엘에와서 집안일을 시키는 부모들을 보며 생각이 바뀌었다고 한다. 아이들은 자신을 믿고 집안일을 맡기는 부모로 인해 책임감을 배운다. 하나씩 작은 일을 해내며 성취감을 느낀다. 자신이 집안에서 중요한 존재라는 자존감과 소속감을 느끼게 된다.

많은 아동 심리학자와 교육 전문가들은 아이들이 집안일에 참여하면 책임감과 자립심이 커진다고 강조한다. 미국 최고 자녀교육 전문가인 짐 페이와 세계적인 정신과 의사인 포스터 클라인은 《아이는 책임감을 어떻게 배우나》에서 아이가 어릴 때부터 집안일을 시키라고 권한다. 자녀를 올바르게 기르는 방법은 특별하지 않다. 일상에서 늘 하는 교육이어야 한다. 숙제나 공부를 하느라 집안일을 하지 않는 시간이 오랫동안 쌓이면 아이의 가치관은 왜곡되고 집안일을 가치 없다고 여기게 된다.

'집안일'이 아니라 '집안일 교육'

어렸을 때부터 빨래개기, 구두닦기, 설거지하기 등의 집안일을 하다 보면 아이는 자연스럽게 노동의 소중함을 깨닫는다. 노동 없이는 우리의 삶이 유지되지 못한다는 것을 알게 된다. 노동의 가치를 아는 아이는 자신의 삶을 주체적으로 상상하고 꾸려나간다. 미래 인재로 성장하는데 집안일 교육은 현장 실습 효과가 있다. 더불어 부모가 가정을 유지하기 위해 얼마나 많은 일을 하는지 알게 된다. 부모님에 대한 감사의 마음이 생긴다.

마티 로스만 미네소타대학 교수의 연구에 의하면 어릴 때부터 집안일을 해온 아이들은 통찰력, 책임감, 자신감이 높았다. 3, 4세의 어린 나이부터 집안일을 경험한 아이들은 10대 때 처음 집안일을 하게 된 아이들보다 자립심과 책임감이 훨씬 높았다. 그뿐만 아니라 대인관계능력도 우수했다. 하버드대학원의 리차드 와이스버드 교수는 어릴 때부터 집안일을 한 아이는 다른 사람이 무엇을 필요로 하는지 살피는 능력이 뛰어나다고 말한다. 다른 사람의 감정에 공감하고 도움이 필요한 사람을 잘 돕는다는 것이다.

집안일을 통해 아이는 자존감, 성평등의식과 공감 능력을 키운다. 더불어 학습 능력도 좋아진다. 집안일을 하나씩 할 때마다 아이는 가족에게 사랑받고 인정받는다는 것을 느끼고 스스로를 가치 있는 사람이라 여긴다. 맡은 역할을 해내는 것에서부터 하고 싶은 일이 생기고 자신감이 생기며 시키지 않아도 알아서 공부하는 아이가 된다. 작은 집안일에 아이의 미래가 숨어있다.

〈탈무드〉에는 '만일 부모가 자식을 올바르게 가르치지 못했다면 자식이 잘못을 저질렀을 때 그 책임을 자식 혼자 지게 할 수 없다.'라는 말이 있다. 집안일 교육은 자녀가 올바른 성인으로 자라는 기본자질을 가르치는 일이다. 유대인은 미래의 자기 모습을 막연하게 꿈꾸며 성공과 행복을 모두 거머쥐기 위한 목표를 먼 미래로 설정하지 않는다. 유대인 부모가 먼 미래의 성공보다 현재의 일상 교육에 최선을 다하는 이유다. 현실을 기반으로 한 오늘의 집안일이 내일의 미래를 여는 씨앗이 된다.

유대인 부모는 자녀들에게 집안일을 시키며 사랑을 보여준다. 부유한 가정일수록 자녀에게 집안일을 더 많이 시킨다. 집안일 효과가 쌓여 미래 인재로 자라는 원리를 알기 때문이다. 자녀와 집안일에 관해 이야기를 나누고 역할을 분담해보자. 가정을 지탱하는 기둥 중 하나가 아이 자신이라 여기는 것은 중요하다. 자녀가 하는 집안일은 부모 눈에 차기 어렵다. 서툴고 어설퍼도 기다려주며 칭찬하는 것이 중요하다. '집안일 교육'은 집안일을 완벽하게 하기가 아니라 '교육'이라는 점을 잊지 말자. 인내하고 지켜보는 부모의 따뜻한 눈빛이 아이를 키운다.

아이와 이렇게 해보는 건 어때요?

▸ 아이가 집안일을 잘하지 못해도 부모가 도와주거나 다시 하면 안 돼요.

▸ 아이가 한 집안일로 집안이 잘 유지된다는 사실과 가족들이 얼마나 행복한지 알려주세요.

▸ 집안일은 가족 모두가 해야 하는 일이라는 것을 자연스럽게 알도록 아빠, 엄마가 함께하는 모습을 보여주세요.

▸ 가족회의를 통해 아이가 할 수 있다고 생각하는 집안일이 무엇인지, 무슨 일을 하고 싶은지 의견을 존중해주세요.

2

작은 약속도
소중하게

〈구약성경〉은 유대인의 역사를 다루고 있으며 히브리인의 역사라는 의미에서 히브리 성경이라고도 불린다. 〈구약성경〉은 '신과 유대인 사이의 계약 내용을 기록한 책'이라고 불릴 정도로 오랜 시간 유대인은 계약을 얼마나 중요하게 여겼는지를 볼 수 있다. 유대인은 계약했다면 반드시 지킨다는 철칙으로 살아간다. 그래서 유대인 부모는 어떤 일이 있어도 약속을 지키는 아이로 키운다.

계약은 신과의 약속

유대인은 모든 계약은 신과의 약속이라 생각한다. 그래서 계약의 민족이라 불릴 정도로 계약을 중요하게 여기며 계약했다면 성의를 다해 지킨다. 유대인 부모는 아이에게 어릴 때부터 약속했다면 반드시 지켜야 한다고 가르치며 계약의 가치와 신뢰의 중요성을 강조한다. 성공적인 삶을 사는 사람들이 공통으로 강조하는 것이 신뢰다.

유대인은 인간 삶의 불확실성을 약속으로 예측할 수 있다고 생각하고 계약으로 서로를 믿는 것이 서로에게 이익이 된다 여긴다. 우리 민법에도 '신의성실의 원칙' 조항이 있다. 신의信義는 믿음과 의리를 뜻하고 사회공동체의 일원으로서 상대방의 신뢰에 반하지 않게 행동해야 한다는 의미다. 민법 최고의 원칙이라 불릴 정도로 인간사회에서 신뢰는 중요하다. 약속을 잘 지키는 것은 상대방을 소중히 여기는 태도에서 비롯된다. 유대인은 신뢰를 가르쳐 '믿을 수 있는 사람'으로 자녀를 키운다.

유대인 부모는 자녀와 한 약속은 철저하게 지킨다. 자녀와 대등하게 체결한 계약이라고 생각하기 때문이다. 〈탈무드〉는 '아이와의 약속은 반드시 지켜라. 그 약속을 지키지 않으면 당신은 아이에게 거짓말을 가르치는 것이다.'라는 말이 나온다. 부모가 약속을 쉽게 어기는 모습은 자녀의 가치관에 그대로 반영되어 신뢰를 가볍게 여기는 아이가 된다. 유대인 부모는 작은 약속을 지키지 못하는 것도 예민하게 반응하고 피치 못할 사정으로 약속을 어기게 된다면 사전에 아이에게 양해를 구한다. 아이와의 약속을 중요하게 생각한다는 것을 아이에게 알려주는 것은 자녀의 자존감을 길러준다.

신뢰는 인간관계의 모든 것

유대인과의 계약은 까다롭기로 유명하다. 사소한 약속도 계약서를 작성하면 10페이지를 넘어가기 일쑤다. 유대인에게 집을 빌릴 때도 마찬가지다. 우리는 부동산 중개소에 가서 한 페이지 분량의 계약서에 이름과 주소, 계약금액만 쓴다. 도장을 찍으면 계약이 성사된다. 특별조항이 있지만 간단한 몇 가지를 적거나 그마저도 빈칸으로 남기는 경우가 많다. 하지만 유대인에게 집을 빌리려면 계약서를 쓰는 데 2주일은 족히 걸린다. 생각지 못한 상황에 대비한 세부 조항을 조정하고 합의하고 계약서 분량은 10~15페이지에 달한다.

유대인이 철저하게 계약서를 작성하는 이유는 신뢰와 정직을 위해서다. 살다 보면 계약 이후에 예기치 못한 돌발상황이 흔하게 발생한다. 그때부터는 분쟁이 시작되는데 유대인은 문제가 발생할 수 있는 모든 경우를 대비해서 계약서를 작성한다. 나라를 잃고 이방인으로 생계를 유지해야 했던 유대인에게 계약은 생명과도 같았다. 오랜 시간 철저하게 계약하고 그 약속을 반드시 지켜왔기에 현대 사회에서 유대인이 세계 경제를 주도하게 된 것이다.

세계적 정치학자인 스탠퍼드대 정치학과 프랜시스 후쿠야마 교수는 신뢰의 경제적 중요성을 강조한다. 저서 《트러스트》에서 '경제활동 대부분은 신뢰를 바탕으로 일어난다. 사회적 신뢰는 거래비용을 줄임으로써 경제의 효율성을 높여준다.'라고 설명한다. 실제 세계은행 연구에 의하면 신뢰가 낮을 때 경제성장률도 낮아진다는 결과가 있다. 스타벅스, 허쉬 초콜릿, 던킨도너츠 등은 모두 유대인의 기업이다. 에스테로더, 하겐다즈, 코닥, 리바이스, 샘소나이트 등의 브랜드는 유대인의 이름을 따서 만들었다. 세계적 기업의 밑바탕에는 유대인의 신뢰가 흐른다.

유대인은 거래 당사자들에 대한 존중을 문서화한 것이 계약이라 생각하기 때문에 계약에는 관계를 소중하게 여기는 마음이 담겨있다. 진정한 부를 누릴 자격은 약속을 잘 지키는 사람에게 있다. 유대인 격언에 '신용이 없으면 문이 열리지 않는다.'라는 말이 있다. 신뢰는 인간관계의 기본이기에 경제적 번영도 인간관계가 성공해야 가능하다. 유대인 부모가 자녀의 경제적 자립을 위해 신뢰를 가르치는 것은 인간관계의 모든 것을 가르치는 것과 같다.

정직과 신뢰로 존경받는 부자가 된다

한국은 국가의 경제적 발전 수준과 비교해 신뢰가 낮은 국가다. OECD 통계에 의하면 우리나라 국민은 4명 중 1명만이 타인을 신뢰할 수 있다고 답했다. 10명 중 9명이 타인을 신뢰할 수 있다고 답한 덴마크에 비하면 낮은 수치다. 실제로 우리나라 형사 사건 중 사기가 차지하는 비중도 여타 선진국에 비해 높다. 신뢰도가 낮은 사회는 서로를 믿을 수 없다는 의식이 팽배하게 퍼져있다. 계약을 통해 서로에게 이익이 되는 문화가 형성되면 사회 전체 신뢰도가 높아진다.

신뢰도를 높이기 위해 정직은 필수 덕목이다. 예로부터 유대인은 상인들의 계량기를 감독하는 관리가 있었다. 여름과 겨울의 줄자도 다른 것을 사용했다. 날씨에 따라 줄자 길이가 줄거나 늘어나기 때문이다. 그만큼 유대인은 믿고 거래할 사람들로 정평이 나 있다. 유대인 상인들에게 '키도시 하셈'은 익숙한 말이다. '이름을 거룩하게 한다.'라는 뜻의 히브리어로 자신의 이름뿐 아니라 가문, 유대민족의 명예를 걸고 정직하게 장사한다는 의미다.

랍비 라바라에 의하면 사람이 죽어 하늘의 심판대에 오르면 가장 먼저 받는 질문이 있다. "그대는 살아생전에 정직하게 거래했는가?"다. 그만큼 정직을 강조하는 사람들이 유대인이다. 〈탈무드〉에는 비즈니스에 필요한 거의 모든 지침을 기록해 놓았다. 회사 운영, 상품의 구매 및 판매, 계약 체결, 동업 관계, 노동자와 사업주의 관계, 상품 홍보법 등의 내용이 담겨있다. 정직한 기업활동이 해당 기업의 이익은 물론 사회에도 유익하다는 것을 알려준다.

1835년 월스트리트 대화재로 600여 채의 건물이 잿더미가 되었다. 애트나Aetna라는 작은 보험회사는 배상금을 모두 지급하면 망할 지경이었고 JP 모건의 할아버지 조지프 모건은 이 회사의 주주였다. 다른 주주들은 주식을 빼달라 요구했으나 모건을 신용을 선택하고 집까지 팔아 다른 주주들이 내놓은 주식을 인수했다. 그리고 배상금 전액을 지급했다.

이 사실이 알려지며 애트나는 신뢰받는 보험회사로 급성장했다. 신뢰를 목숨보다 중시하는 가문의 전통은 대대로 이어져 이후 JP 모건은 세계적 금융회사의 신화를 이루었다. 모건 가문은 악수 하나로 모든 거래가 성사될 정도로 금융시장의 신용 그 자체가 되었다.

유대인 부모는 자녀가 어릴 때부터 정직과 신뢰를 몸에 배도록 교육한다. 정직한 사람이 신뢰를 얻기 때문에 정직과 신뢰는 동전의 양면과 같다. 유대인 학교에서도 시험 볼 때 학생들을 감시하지 않는다. 누가 보지 않아도 커닝하지 않는다. 정직과 신뢰가 삶의 최고 무기임을 자녀에게 가르치기 때문이다. 정직이 당장은 손해를 보는 것으로 보일 수 있다. 하지만 그로 인해 쌓인 신뢰는 인생의 가장 큰 자산이 된다. 신뢰의 첫 단추는 약속 지키기라는 것을 생활 속에서 보여주자. 부모가 주는 신뢰는 자연스럽게 아이에게 스며든다.

아이와 이렇게 해보는 건 어때요?

▸ 부모가 정직하고 믿을 수 있는 사람이라는 모습을 보여야 아이도 정직과 신뢰의 중요성을 알게 돼요.

▸ 아이와 한 약속은 사소한 것일수록 반드시 지켜야 해요. 그래야 아이가 신뢰에는 크고 작은 것이 없다는 것을 내면화할 수 있어요.

▸ 약속을 지키지 못하게 될 것 같으면 미리 아이에게 충분히 설명하고 양해를 구해 아이가 존중받고 있다고 느끼게 해야 해요.

| 3 |
돈에 끌려다니지 않고
다스리는 힘

15세기 이후 세계를 이끈 패권국은 스페인에서 네덜란드, 그리고 영국 순으로 이어졌다. 이 국가들의 성장과 몰락 이면에는 유대인이 있었다. 스페인이 신항로를 개척할 수 있는 돈을 가질 수 있었던 것은 유대인 상인 덕분이었다. 이후에 스페인에서 유대인을 추방하자, 그들은 네덜란드로 넘어갔고 네덜란드는 패권국이 되어 많은 식민지를 건설했다.

이후 유대인이 영국으로 건너가며 영국은 해가 지지 않는 대영제국이 되었다. 현재 세계 최고 강대국인 미국을 실질적으로 움직이고 있는 이들도 유대인이다. 유대인은 어떻게 한 국가의 흥망성쇠를 좌우할 정도의 부를 축적했을까?

돈에는 출신 성분이 없다

유럽 정치를 주무를 정도의 경제력을 가진 로스차일드 가문, '석유 재벌' 록펠러, '투자계 대부' 조지 소로스, 모건, 워런 버핏 등과 같은 세계적 거부들은 모두 유대인이다. 세계 인구의 0.2%에 불과하지만, 경제적 영향력은 대단하다. 전 세계 부의 30%를 유대인이 소유하고 있다. 세계 500대 기업 경영자의 42%가 유대인이며, 미국 맨해튼 빌딩의 80%를 소유하고 있다. 미국 경제 잡지 〈포브스〉는 매년 미국 부자 상위 400명을 발표한다. 400명 중 유대인이 백 명에 달한다. 미국 내 유대인은 전체 인구의 약 2.4%에 불과하다.

유대인은 돈에는 출신 성분이 없다고 생각한다. 어떤 일을 해서 돈을 벌건 정당한 노동으로 번 돈이라면 가치 있다고 여긴다. 유대인은 다른 종교와 달리 청빈을 미덕으로 여기지 않는다. 우리는 재물에 욕심내지 않는 청빈의 정신을 우러러보며 돈을 밝히는 사람을 속물로 여기는 경향이 있다.

그럼에도 돈의 중요성을 알기에 좋은 대학, 높은 연봉을 기준으로 삼지만 정작 자녀에게는 아직 돈에 대해 알 필요가 없다고 가르친다. 돈은 어른의 세계이니 아이에게는 공부만 열심히 하라는 태도를 보이며 돈과 공부를 전혀 다른 영역으로 분리한다.

여러 나라를 떠도는 험난한 세월을 통해 유대인은 돈의 중요성을 깨달았기에 오히려 가난을 일종의 저주로 여긴다. '세상 모든 괴로움과 고통을 모아서 저울 한쪽에 올려놓고 가난을 다른 쪽에 올려놓는다면, 가난이 그 모든 것보다 무겁다.' '가난한 것은 집안에 50가지 재앙이 있는 것보다 더 나쁘다.' 돈에 관한 유대 격언이다. 언제 어디로 추방될지 모르는 유대인에게 돈은 생명과 같았고 돈을 가지고 있어야 새로운 땅에 정착할 수 있었다. 유대인이 유독 현금과 보석을 중요하게 여기는 이유도 추방과 정착의 반복된 역사에서 기인한다.

돈의 양면성을 알고 다스려라

유대인은 종교적 삶을 실천하는 사람들로 유명하다. 유대인 삶의 대부분을 차지하는 문화는 종교에서 유래한다. 유대인은 종교적 가르침을 실천하는 데 가장 큰 장애물로 돈을 꼽을 만큼 돈의 유혹을 이겨내기가 어렵다는 것을 안다. 삶이 돈에 의해 휘둘리지 않기 위해 유대인은 돈을 공부한다. 돈의 작동 방식을 알아야 돈의 노예가 되지 않고 주인이 될 수 있기 때문이다. 돈을 잘 활용하여 자신뿐 아니라 공동체가 함께 번영을 누릴 수 있기를 희망한다. 유대인 부모의 돈 교육은 가치 있는 돈을 만들기 위한 노력이다.

1905년에 〈코스모폴리탄〉에 '그는 그것을 어떻게 이용할 것인가?'라는 제목의 글이 실렸다. 존 록펠러가 아들 존 록펠러 2세에게 남기게 될 세기의 재산 상속에 관한 내용이었다. 어마어마한 금액의 재산이 어떻게 쓰일 것인가에 관한 우려 섞인 목소리였다. 나쁜 일에 쓰인다면 세계 문명 발전이 25년 정도 늦춰질 수도 있다는 예측이었다. 우려와 달리 아버지 존 록펠러는 12년 동안 4억여 달러를 학교, 연구소, 병원, 자선 기관 등에 기부했다. 아들 존 록펠러 2세는 아버지가 기부한 자선 재단에서 핵심 역할을 맡으며 자선 사업에 헌신했다.

존 록펠러 2세는 "돈은 나쁜 일에도 쓸 수 있고, 사회와 우리 삶을 건강하게 하는 데도 쓸 수 있다. 나는 사람이 돈 때문에 행복을 얻는 것이 아니며, 행복은 단지 다른 사람을 도움으로써 얻게 되는 느낌이라고 믿는다."라고 말했다.

유대인은 만물을 주재하는 존재는 하느님이지만, 모든 것을 실현하게 하는 것은 돈이라고 생각해 돈을 세속의 신으로 여겼다. 유대

격언에 '텅 빈 지갑만큼 무거운 것은 없다.'라는 말이 있다. 그래서 유대인 부모는 일찍부터 자녀에게 돈의 중요성을 가르친다. 돈이 있으면 인생이 좀 더 행복해지고 윤택해진다는 사실을 끊임없이 강조한다. 하지만 돈의 양면성에 대한 교육도 잊지 않는다. 부를 추구하는 것은 중요하지만 돈을 최고의 가치로 여기는 오류에 빠지지 않도록 돈에 대한 균형감각을 가르친다.

유대인의 돈 공부

세계적 거부 중에 유대인이 많은 이유는 현실을 직시하며 꿈을 꾸게 하는 교육에 있다. 긴 세월 동안 재산을 축적하는 것을 단순히 돈을 좇는 행위로 전락시키지 않고 이성적이고 과학적인 행위로 발전시켰다.

메이시스Macy's는 최근까지 세계에서 가장 큰 상점이라 불린 백화점이다. 십 대에 일을 시작한 유대인 스트라우스는 성인이 되자 작은 상점에 취직해 직원으로 일하며 고객의 특성을 눈여겨보았다. 여성 고객이 절대적으로 많다는 것을 파악하고 남성과 여성이 함께 쇼핑을 오더라도 상품 구매 결정권은 여성에게 있다는 점도 깨달았다. 이후 자본금을 마련한 그는 여성을 주 고객으로 하는 상점 '메이시스'를 열어 패션, 화장품, 핸드백 등을 주로 판매했다. 매출이 늘면서 다이아몬드 등의 고가 상품을 판매하는 전략으로 사업을 확장해나갔다. '메이시스'는 30년 만에 세계에서 가장 고급스러운 백화점 반열에 올랐다.

유대인은 돈이 많아도 함부로 돈을 쓰지 않는다. 고가의 물건으로 부를 과시하지 않는 유대인 문화에서 기인한다. 〈탈무드〉에는 '항아리의 겉모양만 보지 말고 그 속에 무엇이 들어있는가를 살펴봐라.'라는 말이 있다. 세계적 거부의 대명사인 워런 버핏은 부의 상징물에 관심이 없는 검소한 생활로 유명하다. 그는 1300억 달러(약 158조 원)의 재산으로 세계 10위 안에 드는 최고 부자로 꼽힌다. 그런데 그는 오마하시 외곽에 있는 이층집을 1958년에 구매해 60년 넘게 살고 있다. 현재 65만 달러(7억 원 정도)에 해당하는 정도다. 버핏은 "난 이 집에서 행복하다."라며 행복의 기준이 자신 안에 있음을 밝혔다.

유대인은 돈의 속성을 알고 있는 민족이다. 돈은 칼과 같다. 칼의 날을 세워 쓰듯이, 돈도 뜻을 세워 써야 한다. 돈을 잘 쓰면 세상 많은 문제를 해결할 수 있지만 잘못 쓰면 사람을 노예로 만들 수도 있다. 유대인 부모는 삶을 풍요롭게 만드는 돈의 중요성을 가르치고 자녀가 어릴 때부터 돈을 대하는 마음가짐을 알려준다.

아이와 이렇게 해보는 건 어때요?

‣ 돈을 버는 일은 어렵지만, 가치 있는 행위라는 것을 이야기해 주세요.

‣ 어려운 사람을 돕거나 환경을 개선하는 등 돈으로 좋은 세상을 만든 사례를 아이에게 자주 이야기해 주세요.

‣ 물건을 살 때 어떤 소비가 바람직한지 충분히 이야기를 나누며 소비자가 세상에 미치는 영향을 알게 해주세요.

| 4 |
생활에 녹아드는
노동의 소중함

이스라엘 골목에서는 사탕이나 쿠키, 쓰던 책이나 장난감을 파는 아이들을 쉽게 볼 수 있다. 아이가 장사할 자리를 찾거나 손님과 흥정에 어려움이 생기면 부모에게 조언을 구하기도 하지만 대부분의 문제를 아이 스스로 해결한다.

이스라엘뿐 아니라 벼룩시장이 보편적인 서양에서도 부모와 아이들이 물건을 팔러 나오는 모습을 볼 수 있다. 부모는 뒷전으로 물러나 있고 아이들은 스스럼없이 물건을 홍보하고 손님과 대화를 나눈다. 유대인 부모는 어릴 때부터 아이가 노동하고 번 돈의 기쁨을 누릴 수 있도록 한다.

일하지 않는 자 먹지도 말라

유대인 부모는 자녀가 가지고 싶어 하는 물건을 그냥 사주지 않는다. 필요하면 직접 돈을 벌어 사라고 한다. 부잣집 아이라도 마찬가지다. 아이가 스스로 일을 하고 돈을 벌어 사도록 한다. 사랑하는 아이에게 좋은 물건을 사주고 싶은 것은 모든 부모가 같을 테지만 유대인 부모는 그 이면을 생각한다.

아이가 바라는 것을 너무 쉽게 얻으면 그것이 당연하다고 생각하게 된다. 하지만 세상은 바라는 것을 쉽게 내어주지 않기 때문에 아이가 노력해서 얻는 것이 중요하다고 여긴다. 무엇을 얻는가가 아니라 얻어내는 과정을 중시한다.

아이에게 쉽게 물건을 사주지 않는 유대인의 가정교육은 삶을 바라보는 철학에서 근거한다. '일하지 않는 자 먹지도 말라.'는 유대인의 격언에서도 알 수 있듯 삶의 진정한 가치가 땀 흘리는 노동에 있다는 것을 끊임없이 가르친다. 이러한 가르침을 머릿속에 가지고 있는 유대인은 어디를 가든 성공할 수 있었다. 나라를 잃고 떠돌며 추방당할지도 모른다는 공포에서도 맨주먹으로 부를 일궈낸 비밀은 노동에 있다.

아이와 맛있는 음식을 먹으면 유대인 부모는 이것이 어디에서 왔을까를 묻는다. 대화하면서 농부의 땀방울과 유통 과정에 참여한 이들의 노고, 요리하는 사람의 노동이 있음을 알게 한다. 누군가의 노동이 있어야만 빵 한 조각도 누릴 수 있다는 단순한 진리를 가르치기 위해 집안일을 시킨다. 집안일을 하며 아이는 노동이 힘들다는 것과 노동으로 가족의 삶이 유지된다는 것을 깨닫는다.

  일상에서 노동을 실천하며 자란 아이들은 매사에 감사하는 태도를 보인다. 부모가 쉽게 모든 것을 사준 아이는 돈이 최고라고 생각하고 그 안에 숨어있는 많은 이들의 땀 흘리는 노동을 모른다. 유대인 아이는 자신에게 돌아오는 모든 것이 수많은 노동의 단계를 거쳤다는 것을 안다. 유대인의 별명은 공기 인간이다. 공기는 보이지 않아도 어느 순간 그 지역의 모든 곳을 차지한다. 유대인은 틈만 나면 어디라도 들어가 자신의 영역을 만들어버린다. 어느 곳을 가든 상권을 움켜쥐는 특별함을 가지고 있다. 그 특별함은 노동을 중요하게 여기는 평범한 삶의 태도에 있다.

하찮은 일은 없다 하찮게 여기는 편견만 있을 뿐

  〈탈무드〉에는 '육체를 쓰는 노동은 사람을 존귀하게 만든다.'라는 말이 있다. 어려서부터 노동의 중요성을 배운 유대인 아이들은 초등학교 고학년이 되면 아르바이트를 시작한다. 집안일을 하고 용돈을 벌기 시작해서 동네 차량을 세차하거나 작은 가게에서 일손을 돕는다. 스스로 아르바이트하며 돈에 대한 개념을 배우고 사회생활을 하며 세상에 적응하는 훈련을 한다. 유대인 부모는 노력하지 않고 얻는 대가는 없다는 것을 철저히 가르친다. 경제활동의 기본이 노동이라는 것을 유대인 아이들은 확실하게 배운다.

유대인 부모는 노동에 관한 올바른 가치관을 갖도록 가르친다. 정직한 노동을 통해 돈을 버는 일이 소중하다는 것을 체화시킨다. 유대인은 직업에는 귀천이 없다고 생각해 세상의 어떤 일이든 남에게 피해를 주지 않는다면 가치 있는 일이라 가르친다. 유대인이 자신의 일에 최선을 다하는 것도 이런 이유다.

유대인은 자기 일을 부끄럽게 생각하거나 다른 직업을 가진 사람을 부러워하지 않는다. 특성화 학교에 가거나 기술을 배우는 것도 대학에 가는 것 못지않게 중요하게 생각한다. 각자의 능력과 적성이 다르기에 누구나 대학에 가야 한다고 생각하지 않는다. 유대인 부모는 유명한 교수나 동네의 작은 가게를 운영하는 사람이나 똑같다고 가르친다. 각자 맡은 분야에 최선을 다해 조화로운 삶을 이루는 게 세상 돌아가는 이치라 여긴다.

유대인이 다른 나라에 살면서 생존을 유지할 수 있었던 이유는 기술 교육 때문이었다. 사회에 도움이 된다면 남들이 하기 싫어하는 3D 업종의 일도 기꺼이 하며 최선을 다한다. 〈탈무드〉에 이름이 실린 랍비 중 가장 존경받던 아키바는 양치기였다. 랍비 요세 벤 하라타는 가죽수공업자였으며, 랍비 유다 바 일라이는 제빵사였다. 유대인 부모는 자녀에게 한 가지 이상의 기술을 익히도록 가르치는데 세탁, 수리, 배관, 청소 등의 실용 기술이다. 삶에 기본적으로 필요할 뿐 아니라 세계 어디서나 써먹을 수 있는 생계 수단이 되어준다.

오늘의 노동이 내일을 여는 씨앗이 된다

미국, 독일, 프랑스 등의 나라에서는 초등학교부터 정규 수업 시간에 노동에 대해 가르친다. 독일의 경우 초등학교 '모의 노사교섭'을 통해 경영자와 노동자 대표가 되어 교섭을 진행하는 과정을 경험한다. 프랑스의 노동 교육 역시 시민교육에 포함되어 중요하게 다루어진다. 초등학교부터 고등학교에 이르기까지 노동의 의미와 가치, 노동의 법적 조항을 배우며 미래의 일꾼으로 성장한다. 우리나라는 일반 고등학교 사회 교과에서 다루는 노동 관련 내용이 2%에 불과하다. 12년이라는 정규 교육 동안 노동에 관해 제대로 배우지 못한 채 노동 현장에 뛰어드는 꼴이다.

유대인은 질병이나 장애가 있는 특별한 경우를 제외하고 생계를 가족이나 남에게 기대는 것을 금하고 있다. 개인이 자신의 생계를 유지하지 못하는 것은 신과의 약속을 어기는 것과 같다고 여긴다. 또 일하는 기쁨이 하루하루 쌓여 더 좋은 세상을 만든다고 생각하며 현재 하는 일이 사소하다 할지라도 미래를 위해 준비하는 시간으로 받아들인다. 간절히 바라는 것을 자신의 노력으로 얻게 되는 성취감은 그 어떤 것으로도 가르칠 수 없다.

유대인 부모는 장기적인 관점에서 자녀에게 노동을 가르친다. 자신의 노동을 믿고 도전하는 사람은 반드시 그 결과를 이룰 거라 여기기 때문이다. 어릴 때부터 일해본 아이는 세상의 이치를 깨닫는다. 많은 사람을 접하며 사람의 마음을 알아채는 통찰력을 기르고 장사를 해보며 수익을 올리는 방법을 생각해낸다. 이런 경험을 통해 실물 경제를 보는 눈이 생긴 아이는 새로운 사업 아이템을 구상하거나 사업가로 성공할 기회를 얻을 수 있다.

조지 베일런트 하버드 의대 교수는 행복에 관한 연구로 유명하다. 그는 11세에서 16세의 아동 456명을 약 35년간 추적 조사한 연구 결과를 발표했다. 연구에 따르면 성인이 되어 성공적인 삶을 누리는 이들의 공통점은 단 하나였다. 어린 시절부터 경험한 집안일이라는 노동이었다. 투자의 대부 워런 버핏은 어려서부터 유원지에서 음료

수를 팔거나 신문 배달을 하며 노동의 가치와 경제 감각을 배웠다. 그렇게 번 돈으로 11살 때부터 주식투자에 나섰다. 자신의 주변에 있는 작은 일부터 열심히 하는 사람이 미래에도 성공한다.

인류 문명은 한 사람 한 사람의 노동이 쌓여 만든 결과물이다. 이집트의 피라미드도, 로마의 콜로세움도 누군가의 땀방울로 이루어졌다. 유대인은 노동이 단순한 돈 벌기가 아니라 신성한 것이라 여긴다. 돈 벌기로 전락한 노동은 돈을 숭배하는 인간을 길러낼 뿐이다. 물질적으로는 성공했을지 몰라도 결코 행복한 인생이라고 말할수 없다. 내일을 걱정하지 말고 오늘의 작은 노동에 최선을 다하는 태도가 중요하다.

아이와 이렇게 해보는 건 어때요?

▸ 요리하기, 청소하기, 설거지하기, 손빨래하기, 바느질하기 등 일상의 노동 기술을 가르치세요.
▸ 집안일을 통해 용돈을 받게 하고, 필요한 물건은 집안일이나 아르바이트를 통해 돈을 벌어 사도록 하세요.
▸ 화분에서 상추 키우기, 벼룩시장에서 물건 팔기, 마트에서 산 물건 들고 집에 오기 등의 작은 일을 시작으로 아이가 노동을 경험하게 하세요.

조기 경제 교육이
부의 지름길

자본주의 사회에서 인간은 경제를 매개로 성장하고 발전한다. 경제
활동은 생존에 필요한 재화와 서비스를 만들고, 나누고, 소비하는
일이다. 농부는 밀 농사를 짓고, 제빵사는 제빵소에서 빵을 만들며,
만들어진 빵을 구매하는 사람이 있다. 이 과정에서 노동력을 제공하
거나 땅을 빌려주는 이, 제빵소를 짓는 돈을 제공한 이가 있다. 모든
것이 경제활동인데 이때 각자의 노동에서 이익이 발생하면 어떻게
나눌 것인가의 문제가 생긴다. 때문에 모든 과정에서 규정과 상식이
필요하고 우리 사회가 굴러가는 과정을 익히는 것이 바로 경제교육
이다.

삶에 녹아든 경제교육

경제교육을 말할 때 하버드대의 그레고리 맨큐 교수를 빼놓을 수 없다.《맨큐의 경제학》의 저자인 맨큐 교수는 최근에 더는 경제학 원론 강의를 하지 않기로 했다. 전 세계 20개 언어로 번역되어 400만 부 이상 판매된 책의 저자가 강의를 그만둔 것은 상징적이다. 기존 경제교육은 이론과 개념에 집중했고 경제학자처럼 생각하도록 가르쳤다. 하지만 21세기 경제교육은 경제를 통해 세상을 이해하고 자신의 삶에 적용하는 교육으로 바뀌고 있다.

기존의 경제교육은 학문으로서 이론을 배우고 경제 흐름에 대한 이해를 높일 수 있었지만 실생활에는 적용하기에 어려움이 있었다. 21세기에는 대중교육의 하나로 경제교육이 요구되고 있다. 글로벌 금융위기 이후 경제교육에 대한 사람들의 관심이 높아지고 있을 뿐만 아니라 삶을 풍요롭게 만들기 위해서도 경제교육이 필요하다.

유대인에게 경제교육은 돈에 대한 건강한 가치관을 갖고 돈을 다루는 역량을 배우는 것이다. 경제이론 중심이 아니기에 재무인성교육이라고 부르는 학자들도 있다. 유대인의 경제교육은 돈 벌기와 잘 쓰기, 불리기 그리고 나누기에 있다. 아무리 돈을 많이 벌어도 잘 쓰고, 불리고, 나누지 못한다면 그 돈은 가치가 없다. 부를 오랫동안 유지할 수도 없다. 수백 년 부자의 대명사라 불린 유대인의 경제교육이 오늘날 새롭게 조명되는 이유다.

유대인은 어려서부터 철저하게 경제를 가르쳐 돈에 관한 인식을 확실하게 만들어준다. 유대인 부모는 아이가 걷기도 전부터 아이 손에 동전을 쥐여준다. 아이는 아침저녁으로 저금통에 동전을 넣는 연습을 하며 돈과 친해지고, 돈이 생기면 저금통에 넣는 습관이 생긴다. 저축하며 부모와 자연스럽게 대화를 하는 과정에서 아이는 몸과 마음으로 저축의 중요성을 배운다.

생활에서 배우는 경제

유대인 아이는 어려서부터 집안일을 하거나 밖에서 아르바이트로 돈을 번다. 자기가 번 돈이라고 함부로 쓰지 않고 저축하고 어떻게 써야 잘 쓰는 것인지에 대해 생각한다. 용돈 기입장에 사용처와 금액을 적고 부모님과 용돈 잘 쓰기에 관한 이야기를 나눈다. 돈 벌기와 잘 쓰기는 유대인 부모들이 가장 기초적으로 가르치는 경제교육이다.

대부호 록펠러 2세는 철저한 용돈 교육을 한 것으로 알려졌다. 여섯 자녀는 용돈을 받으면 어디에 얼마를 썼는지를 용돈 기입장에 적어야 했다. 록펠러 2세는 용돈을 저축과 기부, 개인적인 용도로 사용하도록 가르쳤고 가끔 할아버지 존 데이비드 록펠러가 기록한 가계부를 보여주며 용돈 관리법을 교육했다. 가계부에는 수입과 지출, 투자와 저축 항목이 1센트의 적은 돈까지도 세세하게 적혀있었다. 이 가계부는 지금도 가보처럼 내려온다. 록펠러 3세는 "현명한 부모가 제대로 인도해주지 않는 재산 상속은 저주에 가깝다."라며 경제교육의 중요성을 강조했다.

유대인 부모는 어린 자녀에게 현실적 경제교육을 하는데 그 대표적 방법이 자녀를 부모의 일터에 데려가는 것이다. 부모가 무슨 일을 하는지 직접 눈으로 보고 돈을 어떻게 버는지 배운다. 매출이 얼마가 되고, 비용이 얼마가 들어가는지를 계산해보며 이윤 창출의 원리를 익힌다.

일상생활에서 구체적 숫자를 사용하도록 가르치는 것도 중요하다. 유대인은 '오늘 비가 많이 온다.'라고 막연하게 말하지 않는다. '오늘 비가 100mm 내렸어.'라고 말한다. '석유 가격이 많이 올랐네.'라고 하지 않는다. '지난주까지 석유 가격이 1리터에 1,300원이었는데, 이번 주는 1,500원으로 200원이 올랐어.'라고 표현한다. 일상적으로 숫자를 사용하면 자연스럽게 수치에 강해진다. 숫자에 능해야 돈을 능숙하게 다루고 손익계산에 밝아진다. 구체적으로 수치를 말하기 위해 정확한 정보를 습득하는 습관을 갖는다.

금융인성교육으로 돈을 다스린다

"문맹은 생활을 불편하게 하지만 금융문맹은 생존을 불가능하게 만든다." 미국의 경제 대통령이라 불린 앨런 그린스펀의 말이다. '금융문맹'은 금융에 대한 이해가 부족해 돈을 관리하고 활용하는 능력이 서툰 사람을 가리킨다. 1990년대 미국에서 처음 등장했는데 당시 미국은 호황기였음에도 불구하고 심각한 가계 빚과 낮은 저축률, 파산 인구의 증가가 사회문제로 대두했다. 많은 경제전문가가 그 원인을 찾기 시작했고, '금융문맹'에 원인이 있다고 진단했다. 반면에 유대인은 세계 최대 금융시장인 월스트리트에 있는 대형 금융사의 90%를 소유하고 있다.

급격히 변하는 세계 경제 속에서 우리의 고민도 깊어진다. 경제와 금융의 중요성은 막연히 알고 있지만, 어떻게 해야 하는지 막막하다. 한국은행과 금융감독원의 '전국민 금융이해력 조사'에 따르면 소득이 높을수록 금융이해도나 금융 지식 등의 점수가 높았다. 이스라엘 잡지 〈가정교육〉에서도 경제교육을 일찍 시작할수록 수입이 높아진다는 연구 결과가 실렸다.

　미국의 연방준비제도이사회^{FRB} 의장이었던 앨런 그린스펀은 18년간 미국 통화 정책의 핵심적 인물이었다. 그의 아버지는 그가 다섯 살 때부터 경제교육을 했으며 주식이나 채권 같은 금융 지식도 가르쳤다. 그는 어린 시절부터 아버지에게 배운 경제 지식이 삶의 토대가 되었다며 조기 경제교육의 중요성을 강조했다.

　유대인 부모는 초등학생인 자녀에게 주식 통장을 선물해 어릴 때부터 금융교육을 한다. 아이는 주식을 사고 팔기 위해 여러 기업을 살펴보며 경제에 관심을 가지게 된다. 투자로 수익이 나기도 하고 손해를 보기도 하며 아이는 금융문맹에서 탈출하게 된다.

　유대인 부모가 자녀에게 돈 공부를 시키는 이유는 돈을 잘 알게 하기 위해서다. 경제에서 돈은 우리 몸의 피와 같다. 피가 잘 돌아야 몸이 건강하듯 돈이 잘 돌아야 경제도 튼튼해진다. 어릴 때부터 시작된 경제교육으로 아이는 돈에 관한 건강한 가치관을 갖고 돈에 관한 의사결정능력을 배운다. 투자 경험을 통해 경제적 지식과 노력 없이 돈을 벌지 못한다는 것도 깨닫는다. 경제를 보는 안목의 필요성을 느끼면 학습 동기도 생긴다. 경제교육은 인생을 설계하고 유지하기 위한 기초 공사다.

〈탈무드〉는 '부자가 되는 가장 쉬운 방법이 있다. 내일 할 일을 오늘하고 오늘 먹을 것을 내일 먹어라.'라고 가르친다. 유대인 부모는 이룰 수 없는 거창한 꿈이 아닌, 오늘의 노력을 통해 한 발짝 다가갈 수 있는 실현 가능한 꿈을 꾸게 한다. 그 길에 경제교육이 있다. 어릴 때부터 저축과 합리적 소비를 가르치고 번 돈을 관리하는 지혜를 익히게 한다. 이 모든 교육은 부모와 자녀 간의 끊임없는 대화로 이루어진다. 〈탈무드〉를 매개로 한 경제 하브루타다. 호텔스닷컴의 최고경영자인 유대인 밥 다이너는 이렇게 말했다. "내가 사업에서 성공할 수 있었던 것은 어릴 때 배웠던 탈무드 덕분이었다."

아이와 이렇게 해보는 건 어때요?

▸ 어릴 때부터 저금통을 이용해 저축하는 법을 가르치세요.

▸ 아이가 친척에게 받은 돈이나 집안일로 용돈을 번 후에는 용돈 기입장을 쓰게 하세요.

▸ 아이가 돈을 사용한 후에는 부모님과 어디에 얼마를 어떻게 썼는지, 아이의 소비에 관한 대화를 나누세요.

▸ 중학생이 되면 아이가 주식을 시작할 수 있도록 금융인성교육을 시작하세요.

| 6 |
더 나은 세상을
위하여

우리 속담에 '개같이 벌어 정승같이 쓴다.'라는 말이 있다. 고생하며 힘들게 돈을 벌더라도 가치 있게 써야 한다는 뜻으로 정승같이 떵떵거리며 살기 위해 고생을 참는다는 의미가 아니다. 힘들게 번 돈을 정승같이 쓰는 대표적인 사람들이 유대인이다. 그들에게 기부는 일상적이며 '자선'을 인간이 가져야 할 덕목 중 으뜸으로 여긴다. 나라 없이 2천 년을 떠돌면서 생존을 유지하는 데에는 자선이 절대적 역할을 했기 때문이다.

자선과 기부는 선택이 아닌 의무

'더 기빙 플레지 The Giving Pledge'는 10억 달러 이상 자산가가 재산의 절반 이상을 기부하겠다고 선언한 사람들의 모임이다. 2009년 부호들의 비공개 만찬 모임에서 마이크로소프트의 빌 게이츠와 투자 대부 워런 버핏이 이 운동을 시작했다. 데이비드 록펠러와 마이클 블룸버그 뉴욕 시장, 조지 소로스 등도 이 모임에 참석했다.

자선은 타인에게 인정과 자비를 베푸는 것으로, 어려운 사람을 경제적으로 돕는 행위다. 더 기빙 플레지 서약자 중 유대인이 3분의 1에 이른다. 〈비즈니스 위크〉지는 매년 상위 50대 기부자 명단을 발표한다. 이중 미국 전체 인구의 2%에 불과한 유대인이 30% 이상을 차지한다. 유대인의 자선과 기부의 규모가 얼마나 큰지 보여준다. 미국 기부금 중 45%가 유대인에게서 나온다는 통계가 있을 정도다.

유대인의 언어인 히브리어에는 '자선'이라는 말이 없다. 가장 비슷한 단어는 '해야 할 당연한 행위'라는 의미를 가진 '쩨다카'가 있을 뿐이다. 쩨다카의 더 정확한 뜻은 '정의', '의로움'인데 유대인에게 자선은 정의와 같은 의미로 가난한 이에게 자비와 사랑을 베푸는 것이 유대인에게는 정의다. 많은 유대인이 자선과 기부에 앞장서는 이유가 여기에 있다.

어릴 때부터 자선을 가르친다

쩨다카는 세상의 고통받는 이들을 돕는 현실적 제도다. 유대인은 동족을 돕는 '쿠파'와 다른 민족을 돕는 '탐후이' 등 다양한 자선 방법을 만들어냈다. 유대교 교회인 회당에는 '쿠파'라는 이름의 헌금함이 있는데 쿠파에 모인 돈으로 유대인 공동체를 유지하는 복지 제도를 실행했다. 쿠파 모금액은 일반적으로 수입의 10분의 1이었고 자발적 모금이지만 부자가 모금을 하지 않으면 쿠파 관리인이 소유물을 압수할 수도 있었다. 자발적이나 종교적 의무로도 강제하는 유대인의 독특한 자선 정신을 알 수 있다.

유대인 부모는 자녀가 어릴 때부터 자선을 실천하도록 교육한다. 유대인 가정은 어느 집이나 '푸쉬케'라는 작은 상자가 있다. 가난한 사람을 돕기 위한 모금함으로 유대인 부모는 자녀가 말귀를 알아듣기 시작하면 손에 돈을 쥐여주고 모금함에 넣는 습관을 들인다. 나이가 들면서는 직접 용돈을 벌어 모금함에 넣도록 하고 아이가 자신이 노력해서 번 돈으로 자선하도록 교육한다. 유대인 부모는 아이가 번 돈을 저축과 소비, 그리고 자선에 쓰도록 가르친다. 푸쉬케가 가득 차면 누구를 위해 사용할지 부모님과 이야기를 나눈다. 유대인 아이들은 세상과 자신이 연결되어 있다고 느끼며 자란다.

〈탈무드〉의 '씨앗' 편에는 추수를 다 하지 말고 일부를 남겨두고 땅에 떨어진 낱알도 줍지 말라고 가르친다. 가난한 이들의 몫으로 남겨두라는 의미다. 남겨진 곡식과 땅에 떨어진 낱알은 주인이 없어 이를 거두어가는 이들은 수치심을 느끼지 않는다. 불우한 이들을 도울 때도 자존심을 다치지 않도록 섬세하게 배려한다. 이러한 정신은 아직도 남아있어 유대인 상인은 가게가 끝날 때쯤 팔던 물건을 봉투에 싸서 가게 앞에 내놓고 문을 닫는다. 가난한 이웃이 자유롭게 필요한 것들을 가져갈 수 있도록 하기 위해서다.

〈탈무드〉에는 '남의 자선으로 살아가는 빈곤자라도 자선을 해야 한다.'라는 말이 있다. 도움을 받으며 사는 사람이라도 자존감을 잃지 않도록 만든다. 유대인은 자선의 기쁨이 자존감 유지에 가장 큰 역할을 한다는 것을 알고 있었다. 자존감이 있으면 언제라도 자신의 삶을 개척할 수 있기 때문이다. 능력껏 열심히 벌고 필요에 의해 나누어 쓴다는 유대인의 공동체 정신은 자선을 삶의 원동력으로 만드는 지혜가 있다. 가난한 유대인은 누구라도 회당의 모금함에서 2주일 치 생활비를 자유롭게 꺼내 갈 권리가 있었다. 자선과 기부의 일상화는 유대인을 위기로부터 보호하는 사회적 안전망이었다.

남을 돕는 것은 나를 돕는 것이다

유대인은 세상을 이롭게 하기 위해서 부를 추구한다. 〈탈무드〉는 '재물은 사람을 축복하는 것이다. 재물을 가지고 자식을 키우고 교육하라. 그 나머지는 자선을 베풀기 위한 것이다.'라며 돈의 사용처를 가르치며 돈을 쌓아두지 말고 세상을 위해 쓰라고 말한다.

유대인은 부자라고 하면 기부도 많이 하는 사람이라 여기기 때문에 부자가 되는 것은 미덕이라 생각한다. 〈유대인 저널〉은 100억 원이상의 거액을 기부한 사람 중 약 25%가 유대인이라고 밝히기도 했다. 유대인은 가난한 사람을 돕고 가치 있는 일에 돈을 쓰는 부자를 존경한다. 그에 반해 우리는 부자를 존경하지 않는다.

페이스북의 창업자인 유대인 마크 저커버그는 스물여섯이라는 젊은 나이에 '더 기빙 플레지'의 회원으로 이름을 올렸다. 그는 딸에게 보내는 공개 편지로 페이스북 보유 지분 99%를 기부할 예정이라고 밝혔다. 우리 돈 52조 원에 해당하는 금액이다. 저커버그 부부는 페이스북 게시물로 올린 공개 편지에서 다음과 같이 기부의 배경을 밝혔다. "네가 지금보다 더 나은 세상에서 자라기를 바란다."라며, 기부는 "다음 세대 모든 어린이를 위한 도덕적 의무이기도 하다."라고 말했다.

사회 교과 시간에 연대활동 프로젝트라는 수업을 하는데, 지구촌의 고통받는 대상을 탐구하고, 해결방안을 모색해 실제 활동을 하는 수업이다. 학생들은 모둠별로 물건을 만들어 팔아 기부를 하기도 하고, 관련 단체를 탐방하기도 한다. 또는 거리에 나가 캠페인이나 모금 활동도 한다.

 기부금을 만들기 위해 열심히 활동한 학생들에게 보이는 가장 큰 변화는 세상을 보는 시각이 넓어진 것이었다. 세계시민의 자질이 향상되어 지구촌 문제에 지속적인 관심을 갖게 되었다. 또한 자신이 세상을 위해 무언가를 할 수 있다는 자기효능감을 경험해 자존감이 향상되었다.

 경제학에서는 기부를 불우이웃을 도와 자신의 효용가치를 올리는 행위로 이해한다. 기부를 통해 도움을 받는 사람도 행복하고 도움을 주는 이도 행복해진다는 의미다. 유대인은 '세계는 배움과 일과 자선 위에 이루어지고 있다.'라는 가르침을 실천하며 하루를 살아간다. 서로가 서로를 보호하는 최소한의 장치로 자선은 미래 세대를 위한 변화의 토대가 된다.

▸ 세상의 어려운 사람들을 찾아보고 시민단체 등에 용돈의 일부분을 꾸준히 기부하도록 가르치세요.

▸ 비닐봉지 사용 줄이기, 일회용품 덜 쓰기, 물티슈 대신 물로 손 씻기 등의 실천으로 사회적 가치를 실천할 수 있도록 하세요.

▸ 동전 모으기 통에 돈 넣기, 구세군 자선냄비에 돈 넣기 등 어릴 때부터 아이가 직접 자기 손으로 자선을 경험하도록 해주세요.

| 7 |
금보다
소중한 시간

우리는 흔히 돈을 시간보다 중요하게 생각한다. 돈을 쓸 때는 그만한 가치가 있는지 신중하게 생각한다. 남에게 돈을 빌릴 때는 더욱 조심스러워한다. 하지만 시간을 쓸 때는 그만큼 깊이 고민하지 않는다. 약속 시간에 늦어 상대방의 시간을 뺏는 것에도 그리 예민하지 않다. 〈탈무드〉에는 '사람들은 돈을 시간보다 소중하게 여기는데 그로 인하여 잃는 시간은 돈으로도 사지 못한다.'라는 말이 있다. 유대인 부모는 "인생에 한정된 것이 무엇인가?"라는 질문을 자녀에게 던진다. 시간 부자가 되는 게 진짜 부자라 가르친다.

시간관념을 철저하게 심어주기

유대인의 하루 계산법은 독특하다. 해가 지면(대략 오후 6시 정도) 하루가 시작해 다음 날 오후 해 질 녘에 하루가 끝난다. 보통 사람들은 밤 12시가 되면서 날짜가 바뀌니 그때부터 하루가 시작되어 다음날 밤 12시가 되면 하루가 끝난다고 생각한다. 그러면 자면서 하루를 맞이하고 자는 중에 하루가 끝나기 때문에 하루를 능동적으로 맞이하기 어렵다.

반면에 유대인은 열심히 일하다가 해가 지면 '이제 새로운 하루가 시작되는구나.'라고 생각하며 감사의 기도를 드리고 반갑게 어둠을 맞이한다. 집으로 돌아와 하루를 시작하며 가족과 저녁 식사 시간을 갖는다. 어두워지며 시작된 하루가 다음날 해가 지기 시작할 때 끝나는 이유는 무엇일까? 〈탈무드〉에는 '밝게 시작해서 어둡게 끝나는 것보다 어둡게 시작해서 밝게 끝나는 것이 낫기 때문이다.'라고 쓰여 있다. 시간의 의미를 중시하는 유대인 문화를 엿볼 수 있다.

유대인은 시간관념이 철저하기로 유명하다. 약속 시간을 정할 때도 오전 11시, 혹은 오후 3시 이렇게 정하지 않는다. 오전 11시 25분부터 11시 50분까지 25분간이라고 정확히 시간을 정한다. 미팅 시간을 3분, 5분으로 쪼개 정할 정도로 시간관념이 철저하다. 만일 약속했는데 제시간에 나타나지 않으면 기다리거나 약속을 다음으로 미루지 않는다. 약속 시간과 같은 작은 일도 지키지 않는 사람이 큰 약속을 지킬 리 없다고 여기고 그 사람과는 비즈니스를 하지 않는다.

업무에 있어 유대인을 믿고 맡길 수 있는 사람들로 평가하는 이유에는 그들의 시간관념이 한몫한다. 유대인 부모는 아이가 시간을 물으면 이렇게 대답한다. "지금은 2시 17분 25초란다." "2시 조금 넘었어." 나 "2시 반이 다 되어가."라고 말하지 않는다. 어렸을 때부터 정확한 시간관념을 심어주고 1분의 시간도 중요하다는 것을 알게 한다. 시간관념이 없는 사람은 가장 중요한 자산인 시간을 흘려보내기 때문이다. 시간을 잘 이용하는 교육을 어렸을 때부터 몸에 배도록 가르친다.

시간 관리는 인생을 디자인하는 예술

유대인 아이들은 13살이 되면 성인식을 치른다. 가족과 친척들의 축하를 받으며 성인으로 인정받는 날이다. 이때 사람들이 선물로 손목시계를 많이 주는데 시간을 낭비하지 않고 잘 지키는 어른으로 자라라는 뜻이다. 시간을 지킨다는 것은 마음을 쓴다는 의미로 마음을 다하는 태도는 시간을 지키는 것 하나만으로도 알 수 있다. 이런 생각 때문에 유대인은 제시간에 일을 마치지 못하는 것을 수치스럽게 여긴다. 시간을 계획하고 마음을 다해 노력하는 태도가 유대인이 성공하는 이유다.

유대인은 출근하면 '딕테이트dictate'라는 시간을 갖는다. 전날 퇴근 이후부터 출근한 아침까지 온 상거래 편지에 답장하는 시간이다. 유대인의 딕테이트 시간에는 그 어떤 사람도 만날 수 없다. 이 시간이 끝나야 차를 마시며 그날의 공식 업무를 시작한다. 딕테이트 시간을 철저하게 지키는 이유는 전날의 일을 오늘로 미루지 않기 위해서다.

유대인 부모는 자녀가 해야 할 일을 정해진 시간에 하도록 교육한다. 일을 미루는 것은 내일의 시간을 빌려오는 것이라 가르친다. 24시간인 내일의 시간을 오늘 빌려온다면 내일은 부족한 시간으로 허덕일 수밖에 없다. 오늘의 일을 내일로 미루지 않아야 온전한 내일이 존재한다.

유대인이 시간을 소중하게 여기는 것은 역사에서 기인한다. 고대 이집트에서 430년간 노예 생활을 했던 유대인에게 시간 개념은 없었다. 아침부터 밤까지 고된 노동으로 반복된 삶에 시간은 의미가 없었기 때문이다. 노예로 살던 시절에는 자기 시간이 없었다. 이집트를 탈출해 노예 생활을 벗어나면서 그들은 시간의 소중함을 배우기 시작했고 하루도 허투루 보내지 않았다.

학교에서 학업 관리를 잘하는 학생들은 작은 시간도 알차게 보낸다. 대부분의 학생은 짧은 쉬는 시간을 그냥 흘려보내지만, 학업 성적이 우수한 학생들은 그 시간을 잘 활용한다. 간단한 숙제나 공부를 하기도 하고 책을 읽는 학생들도 있다. 10분도 안 되는 시간에 무언가를 대단하게 할 수는 없지만, 그 학생들의 모습을 보면 시간을 대하는 태도가 다르다는 것을 알 수 있다. 짧은 시간이라도 나만의 시간으로 만들어 시간 주인으로 살고자 하는 태도, 그러한 태도가 쌓여 커다란 변화를 가져온다.

시간을 잘 사용하는 사람이 자기 삶의 주인이 된다

유대인은 시간은 금이 아니라 삶이라 생각한다. 금이 세상의 많은 것을 실현해주지만, 시간이 없다면 금은 무용지물이다. 철학자 벤자민 프랭클린은 "인생을 사랑한다면 시간을 낭비하지 마라. 인생은 시간 그 자체이기 때문이다."라고 말했다. 경제적 부는 사람마다 다르지만, 시간은 누구에게나 똑같이 주어진다. 누구나 하루에 24시간이 주어지지만 25시간 같은 하루를 사는 사람도 있고, 15시간과 같이 사는 이도 있다. 실제 시간을 어떻게 보내느냐에 따라 인생이 달라진다. 유대인 부모는 시간 교육을 통해 자녀를 인생의 주인공으로 만든다.

리처드 라이트 하버드대 교수는 15년간 하버드대학교 학생 1,600명을 인터뷰하고 공부를 잘하는 학생들의 학습 비결이 시간 관리에 있다는 점을 밝혀냈다. 하버드대 학생들은 월간, 주간, 일간 계획을 세워 공부하면서 일의 중요도를 정하고 그에 따라 시간을 투자하는 효율적 시간 관리를 했다. 자신의 목표에 맞게 실현 가능한 시간 계획을 세우고 꾸준히 실천하는 것이 중요하다. 시간이 아무리 많아도 의미 있게 쓰지 못하면 시간이 없는 것과 마찬가지다. 시간의 양보다 시간의 질이 중요한 이유다.

로라 밴더캠은《시간 창조자》에서 "시간은 관리하는 게 아니라 창조하는 것이다."라고 말한다. 2020년 2월 16일 토트넘과 아스턴 빌라와의 축구 경기가 후반 인저리타임에 들어갔다. 2대2 동점 상황에서 4분 중 3분 30초가 지나가고 있었고 모두가 동점으로 끝날 것이라고 생각했다. 하지만 손흥민 선수의 생각은 달랐다. 그는 공을 몰고 30m를 질주했고 결승 골을 터뜨리며 승리를 거머쥐었다. 의미 없이 흘려보낼 수도 있던 30초가 누군가에게는 성공을 위한 시간이 되기도 한다.

한 연구 결과에 의하면 업무효율이 높은 사람과 낮은 사람은 10배 이상의 차이가 난다고 한다. 그 차이를 만드는 요인은 개인의 시간 관리 능력에 있었다. 그리스인들은 시간을 두 가지로 나누었다. 크로노스^{Chronos}와 카이로스^{Kairos}다. 크로노스는 시계가 표시하는 물리적이고 절대적 시간이다. 카이로스는 목적을 가진 사람이 갖는 의식적이고 상대적인 시간이다. 주관적인 시간인 카이로스는 마음먹기에 따라 달라지는 미래의 시간이 될 수 있다. 자신의 시간을 관리하는 게 자신의 미래를 다스리는 것이다.

〈탈무드〉에는 이런 말이 있다. '날마다 오늘이 당신의 마지막 날이라고 생각하라.' 유대인은 기독교나 불교의 영생이나 윤회의 개념이 없다. 이번 생은 이번 한 번으로 끝이라 여긴다. 다시 태어나지 않기에 이번 생은 단 한 번의 생이며, 처음이자 마지막 생이다. 유대인은 하루하루의 시간이 쌓여 삶이 된다고 여긴다. 인생을 잘 사는 방법은 지금, 이 순간에 최선을 다하는 것이다. 유대인 부모가 자녀에게 시간을 허투루 쓰지 않도록 가르치는 이유도 여기에 있다. 시간은 삶의 모든 것이다.

아이와 이렇게 해보는 건 어때요?

‣ 아이가 계획한 일을 미루지 않는 습관을 갖도록 하세요.

‣ 5분, 10분의 시간 약속도 정확하게 지키도록 가르치세요.

‣ 시간을 관리하는 능력을 기르기 위해서는 계획을 세우는 것이 중요해요. 부모
님이 아이의 계획서를 확인하고 실천하는지 확인하세요.

‣ 무엇을 하든 주체적으로 참여할 수 있도록 아이가 그 시간의 주인이라는 점을
알려주세요.

3장

멀리 앞서 나아가는 미래 교육

| 1 |
미래를 개척하는
비판적 사고력

유대인 학교에서는 학생이 교사의 말을 일방적으로 받아들이지 않고 교사가 자신의 권위로 학생의 말을 짓누르지도 않는다. 유대인이 노벨상 수상자의 22%를 차지할 수 있었던 것은 수평적 문화 덕분이다. 자유롭게 의견을 주고 받으며 다 같이 진리를 찾고자 하는 수평적 문화는 미래 사회의 필수 조건이다. 유대인은 지혜를 추구하는 과정에서 권위를 따지지 않는다. 지위의 높고 낮음이나 경험의 많고 적음과는 관계없이 누가 더 합리적이고 타당한 의견을 제시하느냐가 중요하다.

대담하고 거침없이 진리를 추구한다

유대교에는 교황과 같은 절대적 권위를 가진 지도자가 없다. 대신 수천 년 동안 쌓인 현명한 자들의 의견이 있을 뿐이다. 〈탈무드〉는 누구라도 자기 생각을 말하고 논쟁할 수 있다는 전통이 되었다. 유대인 부모는 끊임없이 질문하며 권위에 도전하라고 가르친다. 절대적 권위에 갇히지 않는 유대인이 '새로운 아이디어'를 가장 중요하게 생각하는 노벨상을 휩쓰는 것이 이상하지 않다.

유대인은 자유와 평등을 유독 강조한다. 유대인은 오랫동안 나라 없는 설움을 당하며 차별받았기에 자유와 평등을 중시하는 개혁적이고 진보적 사상을 발전시켰다. 유대인에게 삶은 위기와 같은 말이다. 이런 위기를 기회로 바꾸며 생존을 넘어 성공이라는 열매를 얻는 데 필요한 것이 '후츠파'였다. 후츠파는 철면피 또는 뻔뻔함, 담대함을 뜻하는 히브리어로 당당하고 자신있게 자기 생각을 밀고 나가는 유대인 정신을 의미한다.

이스라엘의 히브리대 강의실 모습은 남다르다. 학생들은 교수의 강의를 잠자코 듣기만 하지 않고 강의 중에 거침없이 질문을 던진다. 강의를 방해할 정도로 집요하게 파고드는 질문에 누구도 개의치 않는다. 알고자 질문하는 것은 학생의 당연한 권리이기 때문이다. 모르면서도 수긍하고 넘어가는 것을 오히려 수치스러운 일이라 여기고 무조건 고개를 끄덕이는 것은 예의가 아니라 생각한다. 지혜를 추구하는 과정에서 교수라는 권위 자체에 복종하지 않는다.

유대인은 담대하고 거침없이 자기 생각을 주장하는 것을 미덕으로 생각하면서도 그것을 자기 과시의 수단으로 이용하지 않는다. 상대방의 주장이 합리적이고 타당하다면 언제라도 받아들일 준비가 되어있다. 후츠파를 상대를 이기기 위해서가 아니라 설득하고 이해하기 위해 사용한다.

맹목적으로 따르기보다 비판적으로 생각하기

펜실베니아대 부총장이었던 에제키엘 이매뉴얼은 저서 《유대인의 형제교육법》에서 삼형제를 키우며 사회 참여에 적극적이었던 어머니를 회고한다. 어머니의 영향을 받아 배지를 달거나 제복이나 흰 가운을 입었다는 이유로 그 사람의 말을 무조건 따르기보다 자신이 보고 들은 것을 바탕으로 판단하는 사람이 되었다고 밝혔다. 그녀가 자녀들에게 가르쳐 주고 싶었던 것은 권위에 대한 도전이었다. 자신의 소신에 따라 당당하게 행동하는 사람이 미래 인재가 된다고 여긴 것이다. 에제키엘은 "우리 집에서는 누구나 불타는 열정으로 무슨 말이든 할 수 있었다."라며 민주적이었던 집안 분위기를 회고했다. 이러한 가정 교육이 삼형제를 세계적 석학과 백악관 비서실장 출신의 시카고 시장, 할리우드 대형 에이전시 대표로 만들었다.

유대인은 타인, 특히 권위를 가진 사람에게 자기 생각을 묶어두지 않는다. 유대인 부모는 '의심이 저속한 신앙을 맹목적으로 따르는 것보다 낫다.'라고 가르친다. 의심한다는 것은 비판적으로 사고하는 것으로 맹목적으로 수긍하지 않기에 그 말이 맞는지를 여러 방향에서 생각하게 만든다.

이스라엘 군대는 강력하기로 유명하다. 이 강력함은 기강이 엄격하거나 하는 데서 나오지 않는다. 이스라엘이 수많은 전쟁에서 이길 수 있었던 것은 칼로 잰 듯한 수직적 군대 문화가 아닌 비판적 사고력에 있다. 이스라엘 군대는 독립적 사고를 하는 장교를 길러내는 데 초점을 둔다. 하급 장교가 상급 장교의 의견을 반박하거나 질문하는 것을 바람직하게 여기고 오히려 의견을 제시하도록 격려한다. 전쟁이 터지면 실제 '전장을 지키며 판단하는 것은 병사이기 때문이다. 비판적 사고력은 예상치 못한 상황이 발생해도 문제를 해결해 나가는 원동력이 된다.

질문은 비판적 사고력을 키운다

비판적 사고는 정해진 답을 찾는 과정이 아니다. 답을 찾아가는 과정에서 근거를 평가하고 분석하고 적용해보는 사고 과정이다. 이 과정을 즐기다 보면 비판적 사고력이 향상된다. 논리적 사고가 합리적이고 타당하게 생각하는 것이라면 비판적 사고는 이보다 더 고급 사고력이다. 분석하고 종합하고 논리적으로 추론을 해 증거를 대보고, 문제에 대한 대안까지도 생각하는 능력이다.

세계 최고 대학이라 손꼽히는 영국 옥스퍼드대, 미국 하버드대 인재 선발의 핵심 항목이 '비판적 사고'다. 대학수학능력시험과 같은 미국의 SAT 시험과 영국의 대입 학력고사에 해당하는 A 레벨 시험에는 '비판적 읽기', '비판적 사고력'이라는 과목이 존재한다.

《11가지 질문도구의 비판적 사고력 연습》의 작가 닐 브라운은 두 가지의 사고방식이 있다고 설명한다. 하나는 '스펀지 사고'로 물을 흡수하는 스펀지처럼 비판 없이 지식을 받아들이는 사고방식이다. 또 하나는 '비판적 사고'로 지식을 비판하며 선택적으로 받아들이는 방식이다. 유대인은 비판적 사고력에 뛰어난 사람인데 비판적 사고력을 발휘하는 방법이 바로 질문이다. 〈탈무드〉는 '질문을 두려워하지 않는 자는 결국은 위대해진다.'라고 말한다. 유대인 중에 위대한 인물이 많았던 이유도 비판적 사고력 덕분이다.

유대인이 생각하는 교육은 기존 이론이나 학설을 그대로 가르치는 것이 아니라 배운 내용을 토대로 자신의 생각을 덧붙일 수 있도록 하는 것이다. 암기력이 우수한 사람은 미래 인재가 될 수 없다. 스승을 뛰어넘는 제자가 나와 스승의 이론을 반박하며 새로운 이론을 세우는 것이 유대인의 교육 목적이다. 유대인은 새로운 학설을 제기하면 격려하며 연구에 더욱 매진하도록 물질적 보상까지 하는 전통을 가지고 있다. 스승의 권위를 존중하지만, 맹목적으로 복종하지 않는다.

비판적 사고력을 키우기 위해서는 의구심을 갖고 질문하고 독립적으로 생각하는 습관을 지녀야 한다. 논쟁을 피하지 않는 담대함이 필요하다. 스탠퍼드대 경제학자 에릭 하누셰크 교수는 미래 인재를 키우기 위해 권위와 위계질서를 극복할 수 있는 문화 기반이 필요하다고 말한다. 한국 학생들은 너무 예의가 발라 자신이 엉뚱한 소리를 해도 이를 지적하지 않는다며 위계에 갇힌 한국 교실을 지적했다. 예의 바른 아이의 허상에서 벗어나 비판적으로 생각하고 당당히 자기 생각을 말할 수 있는 아이로 키우자. 미래 세대는 앞세대를 비판하며 성장한다.

아이와 이렇게 해보는 건 어때요?

▸ 생각이 다르거나 궁금증이 생길 때는 언제나 질문하도록 가르치세요.

▸ 부모의 말에 무조건 수긍하기보다 자기만의 생각을 표현할 때 칭찬해 주세요.
부모님의 긍정적 반응이 비판적 사고력에 날개를 달아줄 수 있어요.

▸ 일상에서 일어나는 일에 대해 아이에게 "왜 이럴까?"라고 질문을 던지고 대화
를 나눠보세요.

▸ 당연하게 생각하는 것에 대해 '반대로 생각하기' 놀이를 해보세요. 예를 들어
화장실 남녀 표시 그림에 남자는 바지, 여자는 치마 그림을 반대로 한다면?

2

배움의 바다에서
얻는 깨달음

〈탈무드〉는 '배움' 또는 '바다'라는 뜻으로 유대인에게 〈탈무드〉는 배움의 바다다. 유대인 중에 창의적 인재가 많은 이유는 〈탈무드〉의 영향이다. 나라를 잃고 떠도는 유대인은 눈에 보이는 것을 소유할 수 없었다. 전 세계로 흩어진 이들이 기댈 수 있는 것은 유대교 정신 뿐이었다. 유대인으로서의 정신을 담은 책이 〈탈무드〉인데 다른 종교의 경전과 달리 스스로 권위를 갖지 않아 언제라도 변화하고 수정될 수 있다. 유대인이 창의적인 이유는 〈탈무드〉에 있다.

쉼 없이 질문하고 스스로 그 질문을 비판한다

로마 제국에 의해 터전을 뺏긴 유대인은 세계 각지로 흩어졌지만 유대교 경전인 〈토라〉를 바탕으로 율법을 지키며 정체성을 지켜나 갔다. 〈토라〉는 상징적이고 모호한 표현이 많아서 실제 삶에 적용하는 데 어려움이 있을 뿐 아니라 이론과 현실의 틈을 만들었다. 이 틈을 메워주는 것이 〈탈무드〉로 〈토라〉를 어떻게 실천할 것인가에 대한 고민을 담은 책이다.

오랜 세월 동안 유대 교사 랍비, 학자, 현자들이 〈토라〉를 해석하며 논쟁한 내용이 실린 〈탈무드〉에는 세상을 대하는 유대인의 생각이 녹아있다. 우리에게 익숙한 〈탈무드〉는 그중 일부분을 엮은 것으로 삶의 지혜를 다룬 유대인의 우화는 전 세계 사람들의 사랑을 받고 있다.

조세희 작가의 《난장이가 쏘아올린 작은 공》은 한국문학의 대표작으로 꼽힌다. 심미적 인문주의의 절정으로 평가받는 이 작품의 첫 장에도 〈탈무드〉 우화가 나온다. 굴뚝 청소를 하고 나온 두 아이가 있다. 한 명은 얼굴이 깨끗하고 다른 한 명의 얼굴은 더러웠다. "둘 중 누가 얼굴을 씻었을까?"라고 선생님이 학생들에게 질문한다. 학생들이 "얼굴이 더러운 아이가 씻을 것입니다."라고 대답했다. 선생님은 얼굴이 깨끗한 아이가 씻을 것이라고 말한다. 얼굴이 더러운 상대방을 보고 자신도 그럴 것이라고 생각해 씻을 거라고 했다.

선생님이 같은 질문을 다시 한 번 하자 학생들은 답을 알고 있으니 자신 있게 얼굴이 깨끗한 아이가 씻을 거라고 대답했다. 선생님은 말한다. "두 아이 모두 굴뚝 청소를 했는데, 어떻게 한 사람은 깨끗하고 한 사람은 더러울 수 있을까?" 하고 말한다.

유대인은 뻔하게 생각하지 않는다. 얼굴이 깨끗한 아이가 씻을 거라는 첫 번째 대답은 인간의 행태를 돌아보게 한다. 인간은 다른 이에 비추어 자신의 행동을 결정한다. 두 번째 질문은 〈탈무드〉의 전형으로 선생이 질문을 던지고 스스로 그 질문의 모순을 비판하며 권위에 갇힌 지식을 조롱한다. 유대인의 비판적 사고력이 탁월한 이유다.

미래에도 계속 쓰일 책

외국의 한 교수가 랍비에게 찾아와 〈탈무드〉를 빌릴 수 있냐고 물었다. 랍비는 "빌리는 것은 괜찮은데 트럭을 가져와야 할 것이다." 라고 말했다는 우스갯소리가 있다. 히브리어 탈무드는 1만 2천 쪽 분량의 20권에 달하는 방대한 책이다. 영어 탈무드는 63권으로, 그 무게가 75kg에 이른다. 〈탈무드〉가 처음부터 이렇게 방대했던 건 아니다. 오천 년간 계속해서 의견이 추가되면서 하나의 학문이라고 불릴 정도의 지혜 보고가 되었다.

〈탈무드〉의 페이지 구성은 일반 책과 다른데 가운데에 핵심 내용이 있고, 좌우로 해설이 있다. 단어나 문장의 뜻풀이인 주석은 가장자리에 있다. 본문을 사이에 두고 오른쪽 내용은 할아버지의 해석이고 왼쪽은 그 손자가 해석한 내용이다. 세대를 거듭하며 조상들의 의견에 후손이 또 다른 의견을 단다.

〈탈무드〉는 완결되지 않고 수천 년 전부터 현재까지 이어지면서

탈무드는 계속해서 수정되고 있다.

시대에 따라 변화하고 발전하고 있다. 〈탈무드〉의 첫 장은 공란으로 남아있어서 누구라도 첫 장의 주인공이 될 수 있다. 결론을 열어 두었기에 마지막 장도 비어있다. 결론을 찾아가는 논리만 존재할 뿐 유대인의 토론은 현재 진행형이라는 뜻이다. 유대인이 수천 년 토론집인 〈탈무드〉를 그대로 수용하지 않는 이유다.

〈탈무드〉에는 종교, 경제, 의학, 죽음, 평화, 행복 등 인생의 모든 주제가 대화로 기록되어 있으며 의견을 제시한 랍비의 이름이 쓰여 있다. 새로운 의견과 아이디어를 수용하는 〈탈무드〉를 읽으며 유대인 아이들은 생각하는 방법을 배운다. 〈탈무드〉에는 6,600개 주제와 2만 7,000개의 하위 주제가 있다. 삶의 모든 이야기가 총 망라되어 있기에 한 번 읽고 마는 책이 아니라 옆에 두고 평생 읽는 책이다. 다 읽는 데만 7년 반이 걸리는데 다 읽으면 축하 파티를 할 정도로 〈탈무드〉 읽기는 유대인의 자부심이다.

지식보다 지혜를 키우는 법

유대인은 배우기만 하고 생각하지 않는 일을 경멸한다. 자기 생각이 없는 배움은 모방에 불과하기 때문이다. 히브리어로 지혜가 있는 사람을 '하캄'이라 부르는데 하캄은 지혜가 있으며 지혜를 실생활에

활용할 줄 아는 사람이다. 지위의 높음과는 관계가 없어서 존경받는 하캄 중에는 푸줏간 주인이나 식료품 장수도 있었다. 우리는 쉽게 지위로 사람을 평가하고 공부의 목적이 출세이기도 하다. 하지만 유대인은 외적 지위보다 내적 지혜의 가치를 알고 있다.

지혜를 숭상하는 유대인이 지적 분야에서 두각을 나타내는 것은 당연하다. 특히 법조계와 언론계에서 능력이 두드러지는 이유는 무엇일까? 어릴 때부터 〈탈무드〉식 교육으로 지혜를 갈고 닦았기 때문이다.

우리 역사 교과서에는 바빌로니아 왕국의 함무라비 법전에 대한 내용이 나온다. '눈에는 눈, 이에는 이'라는 유명한 구절이 고대 사회의 보복주의 형벌을 의미한다고 배운다. 이와 비슷한 내용이 유대교 경전인 〈토라〉에도 나오는데 이 원칙은 당시 배상법의 기본이었다. 한국 교육은 이 원칙에 대해 비판적으로 가르치지 않는다. 눈을 다치게 했으니, 글자 그대로 가해자의 눈도 다치게 해 똑같이 갚아주는 게 정의롭다고 생각한다.

하지만 유대인은 보이는 대로 해석하지 않는다. 이 법은 가해자에게 똑같이 보복하라는 잔혹한 법이 아니라 피해보다 지나치게 보복하는 것을 금지하는 것이다. 이만 부러졌는데 상대방을 죽이거나 하는 과잉 보복을 금하는 것으로 해석한다. 드러난 문장의 이면에 있는 의도까지 헤아린다. 유대인이 〈탈무드〉식 교육을 하는 이유다.

〈탈무드〉에서 랍비들의 토론은 더 깊어진다. '눈을 상하게 한 사람에게 내가 당한 것과 똑같은 정도로 눈을 상하게 할 수 있느냐?'라는 질문을 던진다. 가령 한 사람이 지나가는 사람에게 돌을 던져 눈을 다치게 했다. 실명하지는 않았어도 사흘 동안 일할 수 없었다면 피해자는 어떤 크기의 돌을, 얼마나 먼 거리에서, 어떤 힘으로 던져야 똑같은 피해를 줄 수 있을까? 〈탈무드〉의 랍비들은 이렇게 하나하나를 따지며 토론한다. 그리고 그런 보복은 불가능하다는 결론을 내리고 대신 사흘 치 일을 못 한 품삯과 육체적, 정신적 고통만큼의 금전으로 계산해 보상하도록 한다.

〈탈무드〉는 불변의 지식을 가르치지 않는다. 이럴 수도 있고 저럴 수도 있다고 가르친다. 이런 상황에서 "너의 생각은 어떤가?"를 질문한다. 답을 하기 위해 끊임없이 공부하고 고민하면서 자신만의 결론을 내리도록 한다. 미래 사회는 끊임없이 변할 것이고 지혜로운 사람만이 이 변화를 받아들일 수 있다.

아이와 이렇게 해보는 건 어때요?

- ▸ 책의 교훈을 아이의 실생활과 연결하여 대화를 나누어 보세요.
- ▸ 책에서 하나의 문장을 골라 무슨 의미인지 아이의 생각으로 풀어서 말하기 놀이를 해보세요.
- ▸ 책을 읽고 주인공의 행동과 반대로 생각하기, 주인공이 아닌 인물의 처지에서 생각하기 등 다양한 관점으로 깨달음을 얻게 하세요.

3

외국어 능력으로
세상을 넓고 깊게 본다

유대인의 대부분은 두세 개의 언어를 모국어처럼 사용한다. 대학을 졸업한 유대인의 경우 3~4개의 언어를 구사하는 게 일반적이다. 여러 언어를 할 줄 알면 의사소통이 편해지는 것 외에도 외국 문화에 대한 이해도가 높아져서 국제적인 감각을 기를 수 있다. 통역만으로는 알 수 없는 정서적 측면의 교감도 가능하다. 이방인의 위치에 있던 유대인이 각국의 사회 주역으로 성장하는 데는 다중언어 능력이 절대적 역할을 했다.

외국어 능력은 사람과 사람을 만나게 한다

인공지능^AI^은 인간과 겨룬 바둑 대결에서 확실한 우위를 점했고 인간의 사고를 넘어서는 AI의 시대가 열렸다는 평이 이어졌다. 하지만 번역 분야에 있어서는 AI가 인간을 따라오지 못한다. 몇 년 전 국제통번역협회는 인간 번역사와 AI 번역기 간 번역 대결을 열었고 AI 대표로 구글과 네이버 등이 나섰다. 결과적으로 인간 번역사들은 평균 49점을 받아 19.9점을 받은 AI를 가뿐히 이겼다.

AI 번역기 중에서는 구글이 가장 높은 점수를 차지했는데, 이때 사용된 AI는 바둑을 배울 때 사용된 것과 같다. 구글의 AI 기술은 압도적인 실력으로 이세돌 9단에 이어 중국의 커제 9단까지 꺾었는데 번역에 있어서는 왜 실력 발휘를 못할까?

구글 번역 총괄 연구원인 마이크 슈스터^Mike Schuster^는 "언어는 단순한 도구가 아니라 그 이상의 것"이라고 말한다. 인간의 대화는 단순한 의미 전달이 아니라는 말이다. 인간의 말은 뜻과 더불어 표정, 뉘앙스, 감정 등이 더해져야 진짜 의미로 전달된다. 상황에 따라 의미가 달라지는 인간의 대화를 AI 번역이 완전히 대체할 수 없을지도 모른다.

AI 시대에 통·번역 기술은 날로 발전하고 있다. 완전하지는 않더라도 우리는 AI 번역의 도움을 많이 받는다. 단순한 의미 전달은 가능하기 때문이다. 그렇다면 4차 산업혁명 시대에 외국어 능력은 필요없을까? 이에 대해 중국 최대 전자상거래 기업인 알리바바의 마윈 회장은 언어의 문화적 측면을 강조한다. 언어를 배우며 그 나라의 문화를 익히고, 문화를 알게 되면 사람들을 이해하게 되고 생각하는 방식을 이해하면 상호 존중이 가능해진다는 말이다. 그는 언어를 통해 함께 일할 수 있는 사람이 되는 것이 중요하다고 말한다.

외국 영화를 볼 때 농담이나 유머 장면에서 번역한 자막을 읽는 관객은 웃지 못하지만, 그 언어를 구사할 수 있는 사람은 웃음을 터뜨린다. 언어는 문화를 이해하는 열쇠가 된다. 세계 여러 나라에 사는 유대인이 터전을 잡기 위해 가장 먼저 했던 일이 그 나라의 언어를 배우는 것이었다.

언어를 빨리, 제대로 배울수록 적응도 빨라진다. 언어는 그 나라의 문화와 역사, 관습, 가치관 등 모든 것을 포괄하고 있다. 유대인에게 외국어 교육은 생존 교육이라 해도 과언이 아니다. 유대인이 2개 이상의 외국어를 모국어처럼 구사하는 것은 자연스러운 일이다.

유대인은 언어가 가진 힘을 오래전부터 알고 있었다

우리처럼 핀란드도 영어를 외국어로 배우는 나라다. 하지만 핀란드는 고등학교를 졸업하면 영어로 의사소통이 될 정도로 영어 소통 능력이 뛰어난 나라로 꼽힌다. 핀란드는 조기교육이라는 말이 없을 정도로 초등학교에 들어가기 전에는 아예 글자를 가르치지 않는다. 핀란드 국민이 영어를 잘하는 이유는 조기 외국어 교육 때문이 아니라 영어가 생활이 되었기 때문이다. 핀란드는 모국어 자막이 없는 영어 프로그램을 70% 이상 방송한다. 이스라엘은 히브리어, 영어, 아랍어, 러시아의 4가지 언어로 방송과 신문을 제작하기에 사회 전체적으로 여러 언어를 사용하는 문화적 환경에 놓인다.

유대인은 나라 없이 여러 나라에 흩어져 살았다. 1948년 5월 13일 이스라엘이 건국되면서 전 세계에 살던 유대인이 본국으로 귀환하기 시작했고 다양한 문화와 언어를 그대로 가지고 이스라엘에 정착하였다. 이스라엘이 다양한 문화와 언어가 공존하는 이유다. 이스라엘은 고대 히브리어를 부활시켜 공용어로 사용하며 사회적 통합을 이루었다. 유대인 부모는 아이를 앉혀놓고 히브리어를 가르치지 않는다. 아이들이 〈토라〉와 〈탈무드〉를 읽으며 히브리어를 저절로 익힌다.

유대인은 모세 5경인 〈토라〉를 매일 입으로 소리 내어 말하며 외운다. 토라를 외우듯 영어도 소리를 내어 말하게 하는데 언어를 배우기 위해서는 말을 많이 하는 것이 중요하다고 여기기 때문이다. 유대인의 전통 학습법인 하브루타도 두 사람의 대화로 이루어지기에 영어 공부에 자주 이용된다. 말을 많이 해볼 수록 영어에 대한 자신감은 커진다.

유대인이었던 프로이트는 독일어, 프랑스어, 라틴어, 그리스어를 능숙하게 구사했는데 특히 독일어에 뛰어나 1932년 '괴테 문학상'을 받았다. 그가 이 상을 받은 것은 문학작품이 아니라 뛰어난 독일어 문장력이 발휘된 논문 덕분이었다. 인간은 언어를 사용하며 생각을 만들어낸다. 다중언어 사용자는 하나의 생각이 여러 가지 언어로 표현될 수 있다는 것을 안다. 이는 문제가 발생했을 때 다양한 관점에서 해결할 수 있는 유연성이 있다는 뜻이다. 다채롭게 생각할 수 있는 사람이 창의적인 사람이 된다. 유대인이 세계를 상대로 여러 분야에서 두각을 나타내는 것은 다중언어 능력이 한몫했다.

과학기술이 아무리 발전해도 인간은 대화를 통해 교감하고 싶어 한다. 자연스러운 대화를 하고 싶어 한다는 의미다. 컬럼비아대 언어학자인 존 맥 홀 터 교수는 미래에는 소수의 언어가 살아남을 것이라고 말한다. 특히 원활하고 자연스러운 국제공용어는 영어가 될 확률이 높다고 말한다. 인터넷에서 영어로 얻을 수 있는 정보의 양은 59.3%인데 반해 한국어로 된 정보는 0.6%에 불과하다. 구글, 애플 등 미래 선도 기업도 영어권 국가를 중심으로 성장한다. 외국어는 우리 아이들이 더 넓은 세계에서 살아나갈 수 있는 강력한 도구가 된다. 외국어를 할 수 있으면 더 큰 꿈을 꿀 수 있다.

아이와 이렇게 해보는 건 어때요?

▸ 영어 노래 듣기, 자막 없는 영어로 된 만화 영화 보기 등으로 공부가 아닌 생활로 접하게 하세요.

▸ 외국 여행을 할 때 아이가 물건을 사거나 음식 주문을 하는 등 외국어를 사용해 성공하는 경험을 갖도록 하세요.

▸ 부모와 '10분 동안 영어로만 대화하기' 게임으로 실제로 말하는 외국어 공부를 하게 하세요. 게임처럼 재미를 느껴야 아이가 외국어에 흥미를 느끼게 돼요.

| 4 |
미래 인재의 핵심,
자존감

유대인 부모는 자녀를 남과 비교하지 않는다. 아이의 현재 모습 그대로를 인정하기 때문에 유대인 아이는 자존감이 높다. 부모가 나를 사랑해주었기 때문에 아이는 자기가 사랑받을 만한 사람이라 여기고 타인도 나를 사랑해 줄 것으로 생각한다. 자존감의 핵심은 귀한 대접을 받은 경험의 축적이며 자존감이 있는 사람은 시련에 부딪혀도 쉽게 좌절하지 않는다. 부모가 자신을 믿어주었듯 아이가 자신을 믿기 때문이다. 자존감은 한순간 생기는 것이 아니라 부모가 오랜 시간 공을 들여야 빛을 발한다.

애착은 뇌 발달에 결정적이다

애착 관계를 형성하는 것은 인간에게 매우 특별하다. 평생토록 삶에 영향을 미치기 때문이다. 태어난 직후에 어떤 애착 관계를 맺느냐가 아이의 인생을 결정한다. 애착이 형성되는 시기는 전두엽 발달 시기와 일치한다. 전두엽은 좌뇌와 우뇌를 고르게 발달시키고, 뇌의 각 기능을 통합하는 뇌의 지휘자 역할을 한다. 학습, 사고, 감정인식, 언어 능력 등 사람다움에 필요한 기능을 전두엽이 관장한다.

애착 관계가 제대로 형성되어야 뇌도 정상적으로 발달한다. 충동적이고 불안정한 청소년의 행동을 분석한 결과 전두엽 발달이 미숙하다는 연구 결과도 있다. 부모와 애착 관계를 잘 맺어야 아이의 감정과 사회성이 안정적으로 발달한다.

루마니아 독재자 차우셰스쿠는 장기 집권을 하며 인구성장 정책으로 낙태와 피임을 금지했다. 그 결과 10만 명 이상의 아기들이 부모의 냉대 속에 태어났고 보육원에 버려졌다. 보모 한 명이 30명의 아기를 돌봐야 했기 때문에 보모는 아기들을 일일이 안아주거나 만져주지 못해 제대로 된 애착 관계를 맺지 못했다. 아기들은 20시간 이상 침대에 누워 있어야 했고 목욕은 호스로 찬물을 뿌리는 것이 전부였다. 정권이 붕괴한 후 아이들의 뇌를 연구한 결과 애착 관계를 제대로 맺지 못한 아이들의 뇌 손상이 심각했으며 IQ도 평균보다 10~20점 정도 낮았다.

인간은 다른 동물에 비해 양육 기간이 길다. 송아지는 어미 뱃속에서 나올 때 뇌 기능의 70~80%가 발달해 있고 침팬지는 성체의 뇌 기능의 45% 정도가 되면 세상에 나온다. 그에 반해 갓 태어난 아기의 뇌 기능은 성인의 20%에 불과하다. 긴 시간 양육 과정을 통해 부모와 애착 관계를 맺으며 자라야 제대로 된 어른으로 성장할 수 있다. 부모와 건강하고 돈독한 애착 관계를 맺은 아이는 이 관계를 자신의 세계에도 적용한다. 엄마 아빠가 나에게 좋은 감정으로 존중해 주었다는 믿음을 다른 사람에게도 일반화시킬 수 있는 사람이 된다.

삶의 기준이 자신 안에 있음을 알려준다

자존감은 자기의 존재를 있는 그대로 존중하는 감정으로 자아 존중감의 줄임말이다. 자존감이 있는 사람은 자신이 처한 상황이나 능력에 상관없이 자신을 인정하고 남들에게도 꾸밈없이 자기 존재를 드러낸다. 업적이나 물적 소유 등으로 자신의 가치를 따지지 않고 외부 조건이나 타인의 인정 여부에 흔들리지 않는다. 유대인 부모는 아이 삶의 기준이 자신 안에 있음을 알려주면서 내적으로 알찬 사람이 되는 것이 중요하다고 가르친다.

미네소타대 데보라 뢰더 존 교수는 8세에서 18세 사이 어린이와 청소년 150명을 대상으로 '물질주의 성향'에 관한 연구를 진행했다. 연구 결과 자존감이 낮을수록 물질에 대한 소유욕이 높아졌다. 자존감과 물질주의 성향이 반비례하는 결과에 대해 데보라 교수는 이렇게 해설한다. "이 연구 결과는 아이들이 자라면서 자존감 하락에 의한 정신적 상실감을 물질로 채우려는 심리 현상으로 판단된다."

아이를 야단치거나 달래기보다 자존감을 채워주는 게 근본 처방이다. 유대인은 검소한 생활이 몸에 배도록 가르치면서 물질이 아닌 정신적 채움으로 아이의 자존감을 키운다. 물질로 채우는 자존감은 끝끝내 채울 수 없기 때문이다.

'자존심'과 '자존감'은 둘 다 자신을 사랑하는 마음이지만 삶에 미치는 영향은 정반대. 자존심은 남과 비교했을 때 나를 존중하는 마음이고 자존감은 남과 상관없이 자기 자신을 존중하는 마음이다.

현대인들은 갈수록 자존심은 세지지만, 자존감은 낮아지고 있다. SNS를 통해 타인의 삶을 쉽게 알게 되는 시대에 살고 있어 의도하지 않아도 끊임없이 자신의 삶을 남과 비교하고 있기 때문이다. 자존심이 센 사람들은 남들에게 뒤처지면 안 된다는 두려움을 늘 가지고 있어서 비판을 비난으로 받아들여 쉽게 화를 낸다. 이에 반해 자존감이 강한 사람은 두려움이 없다. 애초에 비교 대상이 없기 때문이다.

유대인은 아이가 8살이 되기 전에 특기를 가르쳐 자존감을 기른다. 스타벅스 창립자 하워드 슐츠는 가난한 집안 형편으로 12살부터 동네에서 일하며 생계를 도왔다. 슐츠는 공부를 잘하는 학생은 아니었지만, 그의 부모는 운동을 좋아하는 아들이 집 근처에서 열심히 운동할 수 있도록 격려했다. 암울했던 슐츠는 학교에서 미식축구 선수로 활약하며 자존감을 키워나갔고 결국 노던 미시간 대학에 미식축구 장학생으로 입학하며 다양한 직업의 세계를 경험하게 된다. 이후 세계적 커피 가맹점인 스타벅스를 창업해 자신만의 세상을 만들기 시작했다.

자존감은 '나다움'을 만들어가는 것

유대인은 음식을 먹을 때 까다롭기로 유명하다. 유대교 계율에 따른 음식을 '코셔'라 부르며 엄격하게 음식을 가린다. '코셔'는 '적절한'이라는 뜻의 히브리어로 코셔의 방법에 따라 도살된 고기만 먹는다. 짐승을 도살할 때 한순간 급소 가격으로 짐승의 고통을 줄여 육류를 섭취하더라도 짐승의 고통에 공감하며 최소화하려는 의도가 담겨있다. 또한 유제품과 육류를 함께 먹는 것도 금지된다. 어미의 고기와 젖을 함께 먹는 것이 부도덕하다고 생각하기 때문이다. 그래서 이스라엘의 햄버거 가게에는 치즈가 들어간 햄버거를 팔지 않는다.

'코셔'는 단순히 먹을 수 있는 음식과 아닌 음식을 가르는 형식적 기준이 아니다. 생명 존중 의식을 가르치며 자연과 공존하려는 유대인의 사상이 담겨있다. 유대인은 음식을 먹으며 일상적으로 자신의 정체성을 확인하고 주체적으로 먹는 음식을 가리는 습관으로 자존감을 높인다. 환경과 동물을 생각하는 사람이라는 인식은 자존감을 높여준다. 실제로 자존감이 낮은 사람들은 정성 들이지 않고 간단하게 끼니를 해결하려는 경향을 보인다. 독일 철학자 포이어바흐는 '당신이 먹는 것이 당신이다.'라고 말했다.

자존감이 높은 아이가 학업성취도가 높다는 연구는 수도 없이 많다. 공부하고 싶은 마음은 자신을 스스로 귀하게 여기고 사랑받고 있을 때 생겨나기 때문이다. 송인섭 숙명여대 교수는 "공부 잘하는 아이로 만들려면 우선 자존감부터 높여야 한다."고 말한다. 실제로 공부를 못하는 학생들을 분석해 보면 자존감이 낮은 아이들이 많다.

자신이 할 수 있다는 믿음이 없고 실패할 경우를 먼저 생각한다. 백 명의 아이가 있다면 백 가지 특성이 있듯 아이의 특성에 맞는 학습법을 찾으면 즐겁게 공부할 수 있다. 스스로 즐기는 아이는 자존감이 올라간다.

아이의 자존감을 키우기 위해서는 아이가 무엇을 좋아하는지를 발견하는 것이 중요하다. 아이가 자신의 장점을 말하도록 하는 것도 좋은 방법이다. 이때 '나는 성실해요.' 이렇게 표현하는 것보다 '나는 매일 자기 전에 양치질해요.'라고 아주 구체적으로 말해보는 것이다.

아이의 아주 사소한 일까지도 찾아내 장점으로 치켜세워주는 것도 필요하다. 아이만이 가진 독특한 특성을 긍정적으로 평가하는 것도 중요하다. 예민한 아이라면 유별나다고 생각하지 말고 감정이 섬세한 아이라고 장점으로 바꿔서 알려주는 것이다.

아이는 아주 작은 관심으로도 자존감을 높일 수 있다. 세상에 대한 편견이 굳어져 있지 않기 때문이다. 자신을 귀하게 여기는 마음은 공부뿐 아니라 삶의 모든 분야에 영향을 미친다. 자존감이 높은 사람은 다른 사람이 귀하다는 것도 알기 때문에 너그럽고 배려심이 뛰어나다. 자연스럽게 사람들에게 인정받는 리더가 된다.

유대인 부모는 아이에게 삶을 대하는 태도를 가르치는 데 최선을 다한다. 험난한 인생을 누구보다 잘 아는 유대인은 삶의 고난을 해결하는 열쇠가 자녀 안에 있음을 알려준다. 그것은 자존감이다.

아이와 이렇게 해보는 건 어때요?

▸ 아이의 아주 작은 행동에 담긴 마음을 헤아려 크게 기뻐하며 칭찬해 주세요.

▸ 아이의 행동 그 자체를 칭찬해 주세요. 더 잘할 수 있는 방법을 가르치려 할수록 아이의 자존감은 떨어지게 돼요.

▸ 아이에게 작은 일을 맡기고 그 일을 해냈을 때 책임감을 칭찬해 주세요. 부모님이 얼마나 큰 도움을 받았는지도 설명해주세요.

| 5 |
글쓰기가
필요한 이유

많은 민족은 정치나 건축, 예술 등 다양한 영역에서 역사적 유산을 남겼다. 그에 반해 유대인은 책으로 존재감을 남겼다. 〈탈무드〉라는 수천 년 유대인의 지혜도 글쓰기가 없었다면 존재하지 않았을 것이다. 유대인은 책을 읽고 연구하며 생각하기를 중시한다. 읽고 생각하고 쓰는 그들의 자부심이다.《유대인을 만든 책들》의 저자인 콜럼비아대 애덤 커시 교수는 문해력과 지성을 중시한 유대인의 전통이 창의력의 비결이라 말한다.

글을 통해 소통한다

미국 대학들은 글쓰기를 중요하게 가르친다. 대부분 대학에 '글쓰기 센터Writing Center'를 두고 체계적으로 글쓰기를 교육한다. 매사추세츠공대MIT나 펜실베이나 주립대의 와튼 스쿨도 글쓰기 능력 향상을 중시한다. 그중 혹독하기로 유명한 하버드대의 글쓰기 수업은 150년의 전통을 자랑한다. 모든 학생이 의무적으로 들어야 하는 이 수업은 각기 다른 전공을 가진 교수들이 1대1 첨삭 지도를 한다. 글을 잘 쓰는 기술이 아니라 논리적으로 생각을 전개하는 과정과 생각을 글로 표현하는 법을 배운다.

세계적 리더 양성을 목표로 하는 하버드대에서 글쓰기를 강조하는 이유는 뭘까? 하버드대 로빈 위드 박사는 졸업생 1,600명을 대상으로 '현재 당신의 일과 노력에서 가장 중요한 것은 무엇인가?'라는 설문조사를 했다. 90% 이상이 '글을 잘 쓰는 기술'이라고 답했다. '앞으로 큰 노력을 기울여야 할 것은 무엇인가?'라는 질문에는 '글을 잘 쓰기 위한 노력'이라는 답변이 다른 응답의 3배가 넘었다. 리더의 자리에 오를수록 글쓰기가 중요하고 큰 노력이 필요하다.

우리나라의 전국경제인연합회에서 206개 기업을 대상으로 한 설문에서 '대학에 개설되길 희망하는 교과 과정은?'이라는 질문을 던졌다. '기획문서 작성', '글쓰기 기술'이라는 응답이 절반에 가까운 42%를 차지했다.

미래 인재에게 글쓰기가 필요한 이유는 단순한 내용 전달 때문이 아니다. 창의적 역량을 강화하고 소통하는 자기 계발 능력이기 때문이다. 현대 경영학의 창시자로 평가되는 피터 드러커는 "비즈니스맨은 최하위 직급에서 한 단계 오른 후부터 말과 글을 통해 다른 사람과 소통하는 능력이 평가된다."라고 말했다.

리더가 되기 위한 핵심 능력은 글쓰기다. 존 F. 케네디의 조언자이자 대통령학의 권위자로 불리는 리처드 뉴스테트는 대통령의 권력은 '설득하는 힘'에 있다고 말한다. 설득은 무엇으로 하는가? 말과 글로 하는 것이다.

대통령 비서실 연설비서관이었던 강원국은 《대통령의 글쓰기》에서 김대중 대통령을 이렇게 기억한다. "지도자는 자기의 생각을 조리 있게, 쉽고 간결하게 말하고 글로 쓸 줄 알아야 합니다." 김대중 대통령이 늘 강조한 말이다. 우리나라 유일한 노벨상 수상자였던 김대중 대통령은 연설문을 고치지 않은 적이 없었고 깊게 고민하고 또 고민하며 글을 썼다고 한다.

글쓰기로 미래 인재를 기른다

2018년 노벨경제학상 수상자인 폴 로머 뉴욕대 교수는 창의력 분야 권위자다. 그는 "읽기와 쓰기가 창의력의 토대가 된다."고 강조한다. 글을 쓰기 위해서는 생각을 명확하게 해야 하며 나의 생각을 이치에 맞게 연결해야 한다. 적극적이고 능동적으로 두뇌를 이용해야만 글을 쓸 수 있다. 그 과정에서 창의력과 상상력, 이성적 판단을 담당하는 전두엽이 활성화된다. 단순한 글쓰기는 후두엽만을 활성화하지만, 글쓰기는 가장 정교한 두뇌인 전두엽을 깨운다. 창의력을 관장하는 전두엽은 개발하기 어려운 뇌지만, 글쓰기는 다른 어떤 활동보다 효과적이다. 글쓰기를 통해 창의력을 기를 수 있다.

유대인에게 공부는 독서와 토론, 글쓰기가 전부다. 읽고 말하고 쓰는 그 과정에서 생각이 자란다. 유대인 9명 중 1명이 작가라는 말이 있을 정도로 유대인에게 글쓰기는 생활이자 문화다. 유대인 부모는 자녀가 어릴 때부터 글쓰기를 강조하고 학교에서 배우는 글쓰기는 교육 과정이기 이전에 삶의 기본기다. 글을 쓰기 위해 토론하고 생각하고 비판한다.

미래 사회는 정보가 개방된 사회다. 성패는 '얼마나 많이 배우고 지식을 습득했는가'가 아니라 '얼마나 깊고 창의적인 생각을 논리적으로 표현할 수 있는가'다. 하버드대에서 철학을 전공한 첼리스트 장한나는 글쓰기의 강점을 이렇게 말한다. "학생 각자는 세계의 어떤 문제와 논점에도 종합적 위치에서 자신만의 조감도를 가지게 됩니다." 글을 쓰기 위해서는 세계의 다양한 문제에 관심을 두고 공부해야 한다. 남과 다른 나만의 시각이 담긴 글을 쓰는 인고의 과정을 겪으며 세계를 이끌어갈 리더의 자질이 길러진다.

글을 쓰면 밥이 나온다

이스라엘 학교는 우리와 같은 객관식 시험이 거의 없다. 정해진 정답을 외우는 것은 창의력과 사고력을 기를 수 없기 때문이다. 5개의 예시 중 하나의 정답을 고르는 시험으로 성장하던 시대는 지났다. 이스라엘 시험 문제는 '~에 대해 자기 의견을 쓰시오.' '~을 자기 말로 표현하시오.'라는 글쓰기 형식이 주를 이룬다.

어제의 정답이 내일의 정답이 될 수 없는 미래 사회에서 유대인의 시험은 글쓰기에 집중된다. 수학 문제도 풀이의 모든 과정을 써야 한다. 초등학교부터 고등학생은 물론 대학생도 같은 형식의 시험을 본다.

세계적 투자 귀재인 워런 버핏은 매년 주주들에게 보내는 연차보고서를 직접 쓰는 것으로 알려져 있다. 에어비앤비 창립자 브라이언 체스키도 자신의 비전을 공유하기 위해 일요일 밤에 직원들에게 이메일을 써 보낸다. 페이스북 창업자 마크 저크버그도 자신의 재산 기부를 A4 용지 6장에 해당하는 장문의 글을 써 세상에 알렸다. 이들이 모두 유대인이라는 사실은 글쓰기 능력이 얼마나 중요한지를 보여준다. 글쓰기는 세상을 설득하는 인재로 기른다.

글쓰기 능력과 소득이 밀접한 관계가 있다는 연구 결과도 있다. 포틀랜드 주립대 스테판 레터 교수는 '미국 성인의 언어적 숙련도가 평생에 걸친 경제적 성공에 미친 영향'을 조사하면서 글쓰기 능력을 5분위로 나누어 소득을 비교했다. 글쓰기 최고 능력에 해당하는 사람들의 소득이 최저인 사람에 비해 3배 이상 높았다.

사람은 누구나 생각을 하지만, 대부분 스쳐 지나간다. 생각한다는 것은 외부로부터 알게 된 정보나 마음속에 떠오르는 사유와 감정을 알아채는 것이다. 이를 글로 쓰게 되면 자신이 이해할 수 있는 논리로 정리하며 체계를 세울 수 있다.

적합한 말을 선택하여 어떤 순서로 쓸 것인가를 고민하며 두뇌는 활성화된다. 단순한 기록에서 시작된 글쓰기가 반복되면 자신의 내면에 집중하게 되고 무엇을 느끼는지, 마음이 어떤지를 살피며 자신을 알게 된다. 자신을 깊이 이해하고 살필 수 있기에 성숙한 사람이 되는 길목에는 반드시 글쓰기가 있다.

최근 서울과 경기도 등 대부분의 교육청은 서술·논술형 평가의 비율을 확대하고 있다. 대한민국에서도 객관식의 정답만 잘 맞추어서는 좋은 학업 성적을 받기 어려워지고 있다. 논리적이고 창의적인 글쓰기 능력이 학생들의 학교 생활에도 필수 요소가 되고 있다.

유대인 학자 유발 하라리는 《사피엔스》를 발표하며 미래학자로 가장 주목받고 있다. 한 언론사는 그와의 인터뷰에서 글쓰기에 관해 물었다. 방대한 자료와 다양한 영역을 넘나드는 글쓰기가 어떻게 가능한지에 관한 질문이었다. 그는 10대 청소년이 이해할 수 있는지를 생각하며 글을 쓴다고 답했다.

이해하기 쉽게 글을 쓴다는 것은 깊이 생각해야 가능하다. 모호하지 않고 명확한 생각을 가져야 할 수 있다. 송나라 시인이자 학자인 구양수는 "글을 잘 쓰려면 세 가지를 많이 해야 한다. 많이 읽고, 많이 쓰고, 많이 헤아려 보아야 한다."라고 말했다. 글을 통해 세상과 소통하는 사람이 미래의 주역이 된다.

- ▸ 아이가 유튜브를 보고 난 후 내용을 글로 써보도록 하세요. 영상을 생각으로 정리하는 과정에서 아이의 논리력이 향상돼요.

- ▸ 다양한 글쓰기 훈련을 시키세요. 아이가 좋아하는 책 문장 베껴 쓰기, 아이가 쓴 글의 문장을 짧게 쪼개어 다시 쓰기, 오감을 이용한 글쓰기 등 구체적 방법을 제시해주세요.

- ▸ 매일 한 줄 이상 짧은 글쓰기를 통해 글쓰기에 부담을 느끼지 않도록 해요. '글똥 누기'와 같은 재미있는 이름을 붙이는 것도 좋아요.

4장

함께 성장하는
관계 교육

1

습관이 아이의
인성을 만든다

시대의 패러다임이 변하면서 과학기술은 하루가 다르게 발전하고 있다. 하지만 과학이 발달할수록 인간적 가치는 더욱 중요하게 여겨진다. '학력보다 인성'이라는 말이 회자되며 기업에서도 인성이 우수한 사람을 선호한다. 태도, 가치관, 품성, 신념 등 내면적인 영역인 인성이 미래 사회에서 진가를 발하기 때문이다.

유대인 부모는 인성이 하루아침에 만들어지지 않는다는 점을 알기에 습관을 중시한다. 〈탈무드〉 공부, 베갯머리 독서, 자선 등이 습관이 되어 아이의 인성으로 나타난다. 수십 년간 쌓인 올바른 습관이 사회에 이바지하며 스스로 만족하는 삶을 사는 인재를 만든다.

인성 교육은 습관 교육이다

'4차 산업혁명'이라는 세계적 키워드는 2016 다보스포럼에서 시작됐다. 이 포럼에서 발표된 '미래고용보고서'는 미래인재에게 요구되는 능력 5가지를 제시했다. 1위는 복잡한 문제를 푸는 능력이었다. 비판적 사고력, 창의력, 사람 관리, 협업 능력이 2위에서 5위를 차지했다.

이는 전통적으로 선호하던 지적 능력만으로 인재가 될 수 없다는 선언이다. 이 모든 능력에는 인성이 포함된다. 타인에 대한 이해와 배려, 소통 능력, 공동체 의식, 공감 능력이 있어야 복잡한 문제도 풀고 비판적으로도 사고한다. 창의력을 발휘하며 사람을 관리하고 협업하는 능력도 인간적인 성품이 기본이다.

흔히 구체적 행동을 꾸준히, 반복하는 것을 '습관'이라 생각한다. 그러나 교육 철학자 존 듀이에 의하면 단순한 반복적인 행동은 습관의 본질적 특징이 아니다. 특정 자극에 대해 일정하게 반응하는 행동 상태가 습관이다.

인간은 어떤 상황이나 환경에 놓이게 되면 어떤 방식으로든 생각하며 행동이나 태도를 보인다. 그 대응 방식이 대체로 일정하게 정해져 있으며 지속해서 유지될 때 존 듀이는 그것을 습관이라 불렀다. 예를 들면 곤경에 빠졌을 때 침착하게 상황을 살피며 사려 깊게 문제를 해결하려 애쓰는 반응도 습관이다.

습관에는 특정 행동의 반복도 있지만 그 행동을 하는 사람이 지닌 지식, 능력, 사상, 정서, 성향, 태도까지도 포함한다. 한 사람은 수없이 많은 습관을 지니고 있고 그 습관들은 유기적으로 연결되어 한 사람의 정체성을 만든다. 성격, 인격, 인성 등으로 표현되어 다른 사람과 구별되는 그 사람만의 됨됨이가 습관이다. 아리스토텔레스도 '습관이란 반복된 실천으로 몸에 익혀진 것'이라 말한다. 도덕적 가치를 중요하게 여기는 사람은 평소 반복적으로 도덕을 실천하는 습관을 지닌 사람인 것이다.

습관이 그 사람의 인성을 드러내기에 유대인은 자녀의 습관 교육을 중시한다. 흔히 인성은 책으로 배우는 게 아니라 말한다. 하지만, 유대인은 인성이야말로 책과 사람 모두에게 배워야 한다고 여긴다. 생각이 말과 행동을 지배하므로 책을 읽고 공부하는 것을 중요하게 여긴다. 여기에 실천하는 본보기가 되는 사람을 통해 아이의 인성이 완성된다. 이 모든 인성 교육이 습관 형성으로 이루어진다. 유대인은 삶을 영위하는 모든 과정에서 인성이 형성된다고 생각한다. 어릴 때부터 나이 들어 죽을 때까지 좋은 습관을 유지하려 노력한다.

작은 습관이 아이의 삶을 바꾼다

〈탈무드〉에는 이런 말이 있다. '매일 아침과 저녁 한 차례씩 율법의 두 단락을 익혀라. 나머지 시간 동안 자기 일에 전념한다면 전적으로 〈토라〉에 따라 사는 것과 마찬가지다.' 유대인이 공부에서 가장 중요하게 생각하는 덕목이 '꾸준함'과 '인내'다. 단지 두 단락을 공부하는 일이 몹시 어려운 일은 아니다. 하지만 짧은 시간이라도 매일 꾸준히 공부하는 습관을 중요하게 생각하는 유대인은 이 작은 습관이 아이의 삶을 바꿀 수 있다고 믿는다. 유대인이라고 하면 많은 이들이 혀를 내두를 정도로 놀라워하는 면도 집요할 정도의 '꾸준함'이다.

유대인 부모는 철저한 습관으로 자녀를 기른다. 하루도 빠지지 않고 자녀에게 〈토라〉를 외우게 한다. 아버지는 매일 저녁 자녀와 〈탈무드〉 2쪽을 함께 읽으며 대화를 나눈다. 7년 6개월 정도가 되면 완독할 수 있는데, 죽을 때까지 반복해서 읽는다. 자기 전 베갯머리 독서 15분도 거르지 않는다. 가족과 감사한 마음을 나누고 식사를 함께하며 매주 안식일을 갖는다. 집안에 모금함을 두고 자선을 베풀며 타인을 생각한다. 이 모든 것이 유대인의 습관이다. 유대인이 창의력과 사고력이 뛰어나고 협동심이 강한 인성을 지닌 것은 가정 교육 덕분이다.

한국은 2015년에 '인성교육진흥법'을 제정해 시행하고 있다. 인성 교육을 법률로 만들어 교육하는 나라는 세계에서 한국이 유일하다. 개인의 건전한 인성을 잘 길러야 한다는 취지에는 누구나 공감한다. 하지만 법률로 만들어 강제해야 할 정도라는 것은 바꿔 말해 우리의 인성 교육이 제대로 이루어지지 않는다는 증거다.

의무적으로 해야 하기에 인성 교육은 여전히 지적 교육 방법에 머물러 있다. '인성 교육'이라는 이름 아래 형식적으로 이루어지는 교육이 진짜 인성 교육일까? 인성은 지식처럼 주입한다고 길러지지 않는다.

유대인은 모든 일상을 인성 교육의 장으로 생각한다. 아이가 길을 가다 남의 집 꽃을 꺾었다면 어떻게 할까? 화를 내며 아이를 야단치는 부모도 있겠고, 차분하게 아이의 잘못을 타이르는 부모도 있을 것이다. 유대인 부모는 평상시와 다름없는 평온한 얼굴로 아이에게 이유를 물어본다. 왜 꽃을 꺾었는지, 그 꽃이 누구의 꽃인지, 그 집의 주인이 이 사실을 알면 어떤 기분일지, 꽃이 말이 없는 식물이니 꺾어도 괜찮은지 묻는다. 아이는 부모와 대화를 하는 과정을 통해 자신의 행동을 돌아보고 답을 찾는다. 유대인 부모의 대화 교육이야말로 최고의 습관 교육이다.

습관 쌓기 교육은 게임과 같다

매사추세추 공대 앤 그레이빌 교수와 다트머스대 카일 스미스 교수가 쓴 기고문에 의하면 우리 뇌에는 '습관 회로'가 있다. 어떤 행동을 하다 이 회로에 걸려들면 습관이 되어서 좀처럼 고치기 어렵다. 일련의 행동이 자동으로 일어나 의식적인 뇌가 작동하지 않아도 행동하게 된다. 아이가 나쁜 습관을 들이면 좀처럼 고치기 어렵지만, 반대로 좋은 습관은 아이가 무의식적으로 바람직한 행동을 하게 만든다. 한 사람의 인성은 단기간에 만들어지지 않고 지적, 정의적, 신체적 측면이 모두 융합되어야 한다. 사소한 습관이 슈퍼 인재를 길러내는 핵심 요소다.

아이가 어릴수록 좋은 습관을 지니게 하는 것이 필요하다. 아침마다 늦잠자는 아이를 예로 들어보자. 이 아이에게 일찍 일어나는 습관이 필요하다고 생각해 보통 부모들은 "아침 일찍 일어나는 습관을 지니도록 해."라고 말한다. 하지만 일찍 일어나 여유 있게 학교에 가고 싶은 마음은 아이에게도 있다. 문제는 몸이 따라주지 않는 데 있다. 의지가 약하다고 혼낼 것이 아니라, 일찍 일어나는 습관을 어떻게 지녀야 할지 부모가 가르쳐 주어야 한다.

  유대인 부모는 습관을 기르기 위해 실천 내용을 알려준다. 습관이
될 내용은 구체적이고 작은 단위로 쪼갤수록 효과적이다. "아침 일
찍 일어나는 습관을 지니도록 해."라는 말은 어떻게 노력해야 하는
지, 어떤 방법으로 습관을 만들어야 하는지가 빠져있다.

  대신에 "아침에 알람이 울리면 5초 안에 이불을 걷어차. 그리고
알람을 누르는 거야. 그리고 침대에 눕지 않고 3초 안에 불을 켜는
거지." 매일 아침 아이가 이 세 가지를 실천하도록 격려한다. 아이
들은 만만하게 보이는 일에 도전하기를 주저하지 않는다. 간단한 몇
가지 행동을 연결해 실천하게 하면 아이는 도전과제를 완수했다는
성취감에 즐거워한다. 이것이 습관 쌓기다.

  어린아이는 흰 도화지와 같다. 아이 본연의 기질이나 성격은 타고
나는 면도 있지만, 어떻게 교육하는가에 따라 다른 그림이 된다. 유
대인 교육법이 특별한 이유는 아이의 잠재력을 해치지 않으면서 발
전시키는 데 있다. 아이의 흥미와 적성을 살피는데 필요한 것이 습
관이다. 어떤 습관을 어떻게 지니게 하느냐에 따라 어떤 아이로 성
장할지가 결정된다. 만약 흥미가 없어도 아이 스스로 지속해서 해내
는 아이는 노력하는 습관이 생기고 인내심이 강한 아이로 자란다.

유대인은 오래되어 쓸데없는 것 같은 전통과 율법을 여전히 지키며 산다. 수천 년 유대인다운 삶을 지켜낸 바탕은 습관이다. 남들이 보기에 번거로워 보이는 일들도 습관이기에 자연스럽게 한다. 유대인 부모들이 엄격하게 가정 교육을 하는 이유도 습관의 중요성을 알기 때문이다. 하루 이틀 〈탈무드〉를 공부하지 않는다고 당장 큰일이 일어나지 않지만 꾸준함과 인내를 잃어버리면 큰일이 된다. 아이에게 가장 중요한 인성은 하루아침에 만들어지지 않는다. 하루의 습관이 한 달이 되고, 일 년이 되고 십 년이 되어 아이를 만든다. 시인 존 드라이든은 이렇게 말했다. '처음에는 우리가 습관을 만들지만, 나중에는 습관이 우리를 만든다.'

아이와 이렇게 해보는 건 어때요?

▸ 좋은 습관의 구체적 실천 내용을 작은 행동 여러 개로 쪼개어 보세요. 이 작은 행동의 연결이 습관 형성으로 이어져요.

▸ 아이가 좋아하는 기존의 습관이 있다면 새로운 습관을 결부시켜보세요. 아이가 유튜브 보는 것을 좋아한다면 유튜브 한 편 보기 전에 책 한쪽 읽기와 같이 새로운 습관을 연결해보세요.

▸ 시각적 표시로 그날그날의 습관을 점검하도록 하세요. 습관으로 만들고 싶은 행동을 할 때마다 빈 유리병에 클립 한 개 넣도록 하세요. 습관 쌓기가 눈에 보이면 아이도 실천하기가 쉬워져요.

| 2 |
삶의 안식처가
되어주는 곳

유대인에게 가장 행복한 순간을 물으면 대부분 가족과 식탁에서 즐거운 대화를 나누는 시간이라고 말한다. 행복의 시작과 끝이 모두 가정에 있다. 사회적으로 아무리 성공해도 불행한 가정생활은 그 사람을 공허하게 만든다. 유대인이 밥상머리 교육을 강조하는 것도 올바른 인성을 길러 성공과 행복을 모두 얻게 하는 데 있다. 랍비 엡스타인은 "만일 자녀와 시간을 보낼 수 없을 만큼 바쁘다면, 당신은 하나님이 당신에게 바라는 것보다 더 바쁜 것이다."라고 말했다. 자녀와 밥상머리를 함께 할 수 없을 만큼 바쁘다면 그것은 의미 없는 바쁨이고, 껍데기뿐인 성공이라는 말이다.

밥상머리에서 생각이 열린다

《정의란 무엇인가》로 한국 사회에 정의 열풍을 불러온 하버드대 마이클 센델 교수는 토론식 수업으로 유명하다. 그는 27세에 최연소 하버드대 교수라는 직함을 달았으며 29세에는 자유주의 정치 철학의 대가인 존 롤스의 《정의론》을 비판하며 세계적 명성을 얻었다. 그의 '정의' 수업은 20여 년간 하버드대에서 15,000명이 수강한 최고의 명강의로 꼽힌다. 유대인인 그의 수업은 〈탈무드〉식 토론법과 유사하다. 그가 현존하는 철학자 중 최고의 반열에 오를 수 있었던 것은 어렸을 때부터 부모님과 함께했던 밥상머리 교육 덕분이었다.

센델 교수의 수업은 가정에서 두 아들과 했던 밥상머리 교육을 학교 현장에 적용·발전했다고 보아도 무방하다. 그는 두 아들이 5~7세가 되던 무렵부터 저녁 식탁에 둘러앉아 대화하기 시작했다. 두 아들의 일상에서 일어난 일들이 대화의 소재가 되었다. 학교에서 선생님과 친구들이 겪은 일들을 이야기하며 공정하게 해결이 되었는지, 어떻게 해야 정의로운지를 토론했다. 그 과정에서 어떤 딜레마가 생기는지 살폈다. 아이들은 토론을 통해 진지하고 깊게 고민하는 생각의 과정을 배운다. 자신만의 의견을 세우며 자존감도 높아진다.

유대인의 언어 능력이 뛰어난 것은 어려서부터 식탁에 앉아 부모와 많은 대화를 나눈 덕분이다. 유대인 아이들은 네 살이면 평균 1,500개의 단어를 습득한다. 일반 아이들이 800~900개의 단어를 아는 것과 비교하면 엄청난 차이다. 밥상머리 교육의 언어적 효과에 관한 연구는 또 있다.

하버드대 캐서린 스노우 박사는 만 3세 어린이의 언어습득에 관해 연구했다. 책 읽기를 통해 습득할 수 있는 단어는 140여 개에 불과했다. 그에 비해 가족과 밥상에서 대화하며 습득하는 단어 개수는 무려 1,000개에 달했다. 언어가 생각의 도구라는 점에서 유대인 아이들은 보통 아이들보다 몇 배나 많은 도구를 가지고 세상을 시작하는 것이다.

유대인은 밥상머리 교육을 삶의 기둥을 세우는 교육이라 여긴다. 밥상머리에서 나누는 정치, 경제, 문화 등 사회 전반에 걸친 대화 소재가 아이에게 다소 어려울 수도 있다. 하지만 매일 이런 경험을 하며 아이는 경청하는 능력을 기르고 타인을 이해하고 소통하는 연습을 한다. 집중력과 호기심이 커지며 생각하는 힘이 커질 뿐 아니라 자연스럽게 추상적인 개념도 익히게 된다. 아이들의 세계 너머 이야기는 아이들을 더 넓은 세상으로 데려가고 세상을 바라보는 안목을 키워 인재로 성장하는 계기가 된다.

밥상머리에서 가족 간 친밀도가 높아진다

유대인도 맞벌이하는 가정이 대부분이다. 따라서 자녀와 긴 시간을 함께하지 못하지만, 밀도 높은 시간을 보낸다. 밖에서 아무리 중요한 일을 하더라도 저녁 식사 시간은 가족과 보내기 위해 애쓴다. 영화감독이자 제작자인 스티븐 스필버그는 저녁 식사 시간이 다 되어도 사업상 이야기가 끝나지 않으면 그 손님을 자기 집에 초대했다고 한다. 또한 그는 식탁에서 아이들과 '이야기 끝 이어가기' 놀이를 한 것으로도 유명하다. 이야기를 만들어내는 과정에서 창의성과 가족 간 유대감이 싹텄고 심지어는 영화의 소재가 되기도 했다.

가족과 밥상머리 대화를 중요하게 여기는 유대인에 비해 우리는 어떨까? 비상교육이 2021년 405명의 학부모를 대상으로 '자녀와의 대화'를 주제로 설문조사를 실시했다. 설문 결과 10명 중 6명 이상의 학부모는 자녀와의 대화 시간이 하루 평균 1시간도 되지 않았다. 가족 간 저녁 식사를 함께하는 것으로도 대화 시간을 충분히 확보할 수 있다. 식사 시간이 어려우면 간식 시간을 특별히 떼어놓는 것도 방법이 될 수 있다.

이 설문조사에서는 대화를 주도하는 사람이 누구인지도 물어보았다. 대화를 이끌어가는 주체는 엄마가 55.3%로 절반을 넘었고, 자녀는 33.6%, 아빠는 9.1%로 나타났다. 최근에 많은 아버지의 귀가 시간이 빨라지고 있다. 하지만 여전히 자녀와의 관계에서 아버지의 역할은 소극적이다. 유대인 아버지는 저녁 식사 시간에 주도적으로 대화를 이끈다. 식탁이 예배의 장소이기도 했기에 아버지의 권위는 사제의 역할을 대신한다. 어머니 혼자 주도적으로 교육하는 것과 부부가 함께하는 것은 차이가 크다.

골다 메이어 이스라엘 전 총리는 가정과 일 사이의 딜레마에 대해 이렇게 회고한다. "내 아이들은 나를 자랑스러워할까? 물론 나는 그렇게 믿고 싶다. 하지만 아이들과 함께 시간을 보내지 못하는 부모가 자랑스러운 대상이 될 수 있는지 의심스럽다." 우리는 사회적으로 성공한 사람이 가족들에게 미안하다고 말하는 경우를 종종 본다. 사회적 성공과 가정에 충실하기가 양립하기 어렵다고 말한다. 하지만 유대인은 다르다. 유대인은 사회적 성공을 해도 개인적인 행복지수도 높다. 가정을 우선에 두고 사회적 활동을 하기 때문이다.

가족 관계에서 성공하는 사람이 진짜 성공한 사람

로렌스 하비 자이거는 뉴욕 브루클린의 가난한 러시아계 유대인 가정에서 태어났다. 어려운 가정 형편 때문에 로렌스는 신문 배달을 하며 어린 시절을 보냈다. 그의 부모는 좋은 옷과 같은 물질적 풍요로움을 아들에게 주지는 못했지만, 자녀교육에는 열성이었다. 그래서 밥상머리 교육에 집중하며 아들이 하는 말은 귀 기울여 들어주었다. 아들이 하는 질문에는 최선을 다해 답하며 격려했고 아들의 말에 질문하며 더 좋은 질문을 하도록 끌어냈다.

로렌스가 자라던 당시 지역 야구팀은 브루클린다저스(현 LA 다저스)였다. 동네 아이들은 어쩌다 야구 선수를 만나면 사인을 받느라 정신이 없었다. 그런데 로렌스는 사인을 요청하는 대신 "오늘 왜 번트를 했나요?"라는 식의 유별난 질문을 던졌다. 남들이 관심을 두는 스윙이 아닌 번트를 물어보던 이 어린이는 성인이 되어 CNN의 간판스타가 되었다. 하느님 빼고 다 인터뷰했다는 이 사람이 역사상 최고로 인터뷰를 잘한다고 평가받던 래리 킹이다. 래리 킹을 인터뷰계의 전설로 만든 데에는 밥상머리 교육이 있었다.

가족과 함께 식사하는 일이 정말 중요할까? 미네소타대학이 4천 명의 학생을 대상으로 연구한 결과 가족 식사 빈도가 높을수록 자살률과 우울증 발생률이 낮게 나타났다. 컬럼비아대 약물 오·남용 연구센터CASA 연구도 밥상머리의 중요성을 보여준다. 가족과 자주 식사하는 청소년은 그렇지 않은 청소년에 비해 부모와의 관계뿐 아니라 형제자매 사이도 좋은 것으로 나타났다. 가족과 식사를 자주

하지 않는 청소년의 흡연 비율이 그렇지 않은 청소년에 비해 네 배가량 많았다. 음주나 마리화나를 하는 비율은 두 배 높았다.

사람에게 애착 관계는 나무의 뿌리와 같아서 튼튼한 애착 관계는 어떤 어려운 상황에 놓여도 사람을 다시 일으키는 힘이 된다. 부모와 애착 관계를 돈독히 맺는 데는 맛있는 음식을 함께 먹는 게 최고다. 뇌과학적으로도 가족과 함께 맛있는 음식을 먹을 때 행복감과 유대감을 느끼게 하는 호르몬인 옥시토신이 분비된다고 한다.

유대인 부모는 식사 시간에 부정적 이야기는 절대 하지 않는다. 식사 시간에는 아이의 단점이 눈에 띄어도 훈육은 잠시 미루어두자. 서로를 존중하며 편안한 관계가 만들어지면 아이는 먼저 입을 연다. 사춘기 아이에게는 억지로 대화를 요구하지 말자. 함께 맛있는 시간을 보내는 그것만으로도 괜찮다.

'유대인은 태어나지 않고 만들어진다.'라는 말이 있다. 유대인의 기준이 인종이나 혈통이 아닌 종교와 문화이기 때문이다. 유대인은 세계 각지에 흩어져 살아도 식탁에 모여 유대인다운 삶을 살았다. 가족과 함께하는 저녁 식사는 그날의 즐겁고 힘들었던 순간을 사랑과 격려의 시간으로 바꾼다. 삶의 안식처가 되어주는 시간을 통해 아이의 정서는 안정된다.

아이와 이렇게 해보는 건 어때요?

▸ 식사시간에는 아이에게 부정적인 이야기를 절대 하지 않도록 해요.

▸ 아이의 사소한 이야기에 귀 기울이며, 크고 긍정적인 반응을 해주세요.

▸ 일주일 중 가족들이 다 같이 식사하는 날을 미리 정해두고 특별한 이름을 붙여
보세요. 아이들은 파티와 같은 식사시간을 좋아한답니다. '가을이 시작되는 날'
'우리 OO 초등학교에 입학한 날' '3월의 마지막 금요일' '우리 OO 방학한 날'

| 3 |
결과가 아닌
과정과 노력을 알아주는 마음

유대인은 자녀와 많은 대화를 나누며 칭찬과 격려를 아끼지 않는다. 칭찬과 격려는 비슷해 보이지만 성격이 조금 다르다. 칭찬은 잘한 일을 높이 평가하는 일종의 보상이기에 꼭 필요할 때 진심을 담아서 한다. 격려는 결과와 상관없이 용기나 의욕을 북돋아 줄 때 한다.

유대인 부모는 자녀를 잘 관찰해 적절한 칭찬과 격려로 지지해준다. 실수와 결점이 있더라도 우선 격려하고 대화로 문제를 해결한다. 아이는 칭찬과 격려라는 햇살을 받으며 자라 꽃을 피운다.

아이들은 누구나 칭찬받고 싶어 한다

유대계 미국 교육심리학자 벤자민 블룸은 학습에 관한 흥미로운 연구를 했다. 세계적인 피아니스트, 조각가, 테니스 챔피언, 수영 선수, 수학자, 신경과학자 등 120명이 대상이었다. 연구 주제는 '천재들은 어떤 교사에게 배웠는가'였다. 그런데 천재라고 불리는 이들을 처음 가르친 교사들은 전문성이나 경력이 화려한 대단한 교사들이 아니었다. 평범하기 그지없는 교사들이 이 천재들을 가르쳤다. 다만 이 교사들의 공통점은 아낌없는 칭찬과 격려로 학생들의 잠재력을 끌어내는데 열의를 다했다는 점이었다. 첫 배움을 즐겁고 보람찬 활동으로 만들었던 능력이 천재를 키워냈다. 배움에 있어 첫 단계의 중요성을 보여주는 연구 결과다.

무언가를 처음 배울 때 아이들은 낯선 경험에 긴장한다. 이때 칭찬과 격려를 받으면 칭찬을 받기 위해서라도 열심히 노력한다. 그러다 실력이 좋아지고 스스로 더 많은 정보를 찾고 전문적 교육을 원하는 단계로 성장한다.

재능도 중요하지만 재능을 터뜨리는 단계로 가기 위해서는 첫 배움이 어떠했는가가 중요하다. 교사뿐 아니라 부모에게 중요한 자질은 칭찬과 격려하는 능력이다. 아이의 첫 배움을 즐겁게 느끼게 만드는 핵심 요소기 때문이다.

　칭찬은 아이의 자아를 긍정적으로 만든다. 배움의 가장 큰 원동력은 아이가 자신을 존중하고 좋아하는 것인데 칭찬을 많이 받은 아이는 자신이 칭찬받을 만한 가치가 있는 사람이라고 믿는다. 나는 무엇이든 할 수 있다는 생각을 하게 되고 주변 환경을 효과적으로 지배하고 있다고 느끼며 자기효능감도 커진다. 무엇보다 자기 자신을 믿는 사람이 된다. 스스로에 대한 믿음은 불가능을 가능으로 만든다.

　아이들은 누구나 칭찬받고 싶어 한다. 칭찬은 인정받고 싶은 마음을 채워주는 지적, 감정적 행동이다. 저명한 심리학자인 매슬로의 욕구 단계 이론에 의하면 인정받고 싶은 욕구는 인간의 정상적 욕구 중 하나로 존경·자존 욕구라고도 불린다. 이 욕구가 있기에 사회적 관계를 맺고, 더 나은 사람이 되기 위해 애쓴다. 문제는 인정받고 싶은 욕구는 효과도 크지만, 역효과도 크다는 점이다. 칭찬이 유일한 동기가 되면 남에게 인정받고 칭찬받지 못할 때 자신의 노력이 전혀 쓸모없다고 느끼거나 자신이 가치 없는 사람이라고 여기게 된다. 인정의 강박의식이 생기는 역효과를 주의해야 한다.

칭찬의 놀라운 효과

흔히 우리는 아이를 칭찬할 때 '머리가 정말 좋구나.'라거나 '우리 딸 착하구나.'라고 말한다. 하지만 우리가 쉽게 내뱉는 칭찬에도 아이의 성장 비밀이 숨어있다. 컬럼비아대 케롤 드웩 교수 연구팀은 칭찬이 가진 효과를 알아보기 위해 몇 가지 실험을 했다. 첫 실험으로 초등학교 5학년 500명을 대상으로 간단한 퍼즐 문제를 풀게 했다. 학생들에게 점수를 알려줄 때 두 집단으로 나누어 결과를 알려주었다. A 집단 학생에게는 "똑똑하고 영리하게 문제를 풀었구나."라며 지능을 칭찬했다. B 집단에게는 "노력을 열심히 해서 풀었구나."라며 노력하는 과정을 칭찬했다.

드웩 교수는 곧바로 두 집단에 두 번째 실험을 진행했다. 이번에는 어려운 퍼즐과 쉬운 퍼즐 문제를 주고 하나를 선택해 풀라고 했다. 지능을 칭찬받은 A 집단 학생 중 70%가 쉬운 문제를 골랐다. 그에 반해 노력을 칭찬받은 B 집단 학생 중 90%는 어려운 문제를 선택했다.

드웩 교수는 실험 결과를 이렇게 해석했다. "지능을 칭찬받은 아이는 어려운 문제에 도전했다가 실패하게 될 경우를 걱정합니다. 실패하게 되면 '영리하다는 기대'에 못 미치는 아이가 되는 겁니다. 반면에 노력을 칭찬받은 아이는 실패하는 상황을 걱정하지 않습니다. 성공이라는 결과보다 도전하는 과정에 관심이 생겨 자신이 얼마나 노력했는지를 증명하려고 합니다."

연구팀은 세 번째 실험으로 초등학교 5학년보다 2학년 정도 위 단계의 매우 어려운 문제를 제시했다. 두 집단 학생들 모두 문제 풀기에 실패했다. 하지만 두 집단 학생들의 반응은 정반대였다. A 집단 학생들은 실패의 원인을 자신에게서 찾으며 "내가 똑똑하지 않기 때문이야."라고 생각했다. 반면에 B 집단 학생들은 "내가 충분히 집중하지 못했던 것 같아."라며 실패의 원인을 자신의 노력 부족으로 돌렸다. 두 집단의 문제 푸는 태도도 달랐는데, A 집단은 퍼즐을 풀 수 있는 실력이 없다고 여기자 자신감을 잃었다. B 집단은 문제와 상관없이 과정을 즐기며 끝까지 노력하는 모습을 보였다.

네 번째 실험은 다시 학생 수준에 맞는 문제 풀기였는데 여기서 두 집단의 결정적 변화가 나타난다. A 집단은 첫 시험에 비해 20%나 점수가 떨어졌지만 B 집단은 처음 본 시험보다 점수가 30% 올라갔다.

마지막으로 두 집단 학생에게 맞힌 문제 개수를 스스로 적도록 했다. 노력을 칭찬받은 B 집단 학생은 한 명을 세외하고 성적을 사실대로 적어냈다. 반면에 지능을 칭찬받은 A 집단 학생의 40%가 거짓으로 점수를 적어냈다. 지능을 칭찬받은 아이는 기대에 부응하지 못하는 자신을 인정하지 않았고, 노력을 칭찬받은 아이는 자신을 그대로 인정했다.

노력과 과정을 칭찬하기

드웩 교수의 연구는 칭찬의 여러 효과를 보여준다. 지능을 칭찬받은 아이와 노력을 칭찬받은 아이의 도전 의식, 실패 원인 찾기, 과정을 대하는 태도, 실제 실력 향상, 마지막 자기에 대한 수용 태도까지 엄청난 차이가 나타났다. 일반적으로 지능은 노력으로 어찌할 수 없는 영역이라 지능과 같이 타고난 부분을 칭찬하면 당장은 기분이 좋겠지만 역효과를 유발하기 쉽다.

자신의 힘으로 할 수 없는 한계를 맞닥뜨리면 쉽게 포기하며 자책하는 아이가 된다. 반면에 노력을 칭찬하면 아이는 모든 것이 자신에게 달려있다고 믿는다. 노력하고 안 하고는 자기의 몫이기 때문이다. 막연한 칭찬이나 칭찬을 남발하는 것은 아이에게 아무런 도움이 되지 않는다. 아이의 있는 그대로의 모습을 칭찬하는 것이 아이를 성장하게 한다.

유대인 부모는 아이가 한 행동의 결과를 칭찬하지 않는다. 목표를 이루려 애쓰고 노력하는 과정을 구체적으로 칭찬하며 격려한다. "머리가 좋아서 시험을 잘 봤구나."라고 칭찬하기보다 "늦게까지 공부하며 노력하더니 좋은 결과를 얻었구나."라고 칭찬한다.

우리의 청소년 사망 원인 1위가 수년간 자살로 나타났다. 청소년 자살을 분석해 보면 학기 초나 시험 기간 등 학업에 대한 스트레스가 높아지는 시기가 가장 많고 방학 기간에는 감소하는 경향을 보였다. 우울감, 가정, 친구 관계 등의 원인도 있지만 학업 스트레스가 아이들을 힘들게 하는 것은 분명하다.

아이들마다 각자 타고난 성격이 다르듯 잘하는 것도 다르다. 공부를 열심히 하는 것은 중요하지만 누구나 잘할 수는 없다. 인류사를 뒤흔들었다고 평가되는 아인슈타인은 이렇게 말했다. "천재로 사는 삶과 노력하는 삶에서 선택하라면 나는 추호의 망설임 없이 노력하는 삶을 선택할 것이다. 노력은 세상 모든 성과의 산파다."

프로이트는 어려서부터 어머니에게 칭찬을 많이 받으며 자랐다고 알려졌다. 그는 "가족들에게 칭찬과 격려를 듣고 자란 사람은 성공한 사람의 기분을 일생동안 가지고 산다. 성공에 대한 자신감은 그를 자주 성공으로 이끈다."라고 말했다. 칭찬과 격려의 짧은 말 한마디가 성공한 사람의 기분을 갖도록 한다는 것은 놀라운 일이다. 부모는 따스한 칭찬과 진실한 격려로 아이에게 성공의 순간을 맛보게 할 수 있다. 인생은 그런 순간이 쌓여서 만들어진다. 아이를 자주 성공으로 이끌 수 있는 사람은 다른 누구도 아닌 부모다.

아이와 이렇게 해보는 건 어때요?

▸ 전체적인 성품 등의 칭찬보다는 구체적 행동을 칭찬해 주세요.
  "착하구나."라는 칭찬보다는 "엄마 빨래 개는 것을 도와줘서 고마워."
▸ 아이를 칭찬할 때는 아이의 타고난 면보다는 노력을 칭찬해 주세요.
  "똑똑해." "머리가 좋아."보다는 "매일 노력하는 모습이 대견해."
▸ 아이의 행동을 아이의 미래 모습과 연결 지어 칭찬해 주세요.
  "다른 친구를 도와주는 걸 보니 우리 OO이는 어디를 가던 사람들에게 도움이 되는 멋진 어른이 될 것 같아."
▸ 결과가 아닌 과정을 칭찬해 주세요. "백 점 맞았네. 잘했어." 보다는 "매일 저녁 게임하는 시간을 줄여 공부하려 애쓰던 모습이 정말 멋진데."

| 4 |
소통을 잘하면
무엇이든 잘 할 수 있다

유대인 아이들은 낯선 사람과 만나도 주눅 들지 않고 자신감 넘치는 모습으로 다른 사람들과 관계를 맺는다. 소통하는 능력이 우수하기 때문이다. 유대인 부모는 소통 능력이 인간관계의 기본이라고 가르치며 다른 사람과 어울리지 못하는 사람은 무엇도 할 수 없다고 생각한다. 학교에서 우리 아이들을 봐도 친구들과 좋은 관계를 맺지 못하면 공부에 집중하지 못하고 어려워한다.

유대인은 세계 여러 나라에 사는 친척들과 만나며 다양한 문화권를 접하고 다양한 연령대의 친척들과 함께 식사하면서 대화를 나누고 세대 간 이해력도 키운다.

소통하는 인류가 살아남는다

　현생 인류인 호모사피엔스의 먼 친척뻘인 네안데르탈인은 약 20만 년 전부터 유럽과 시베리아에 살았다. 뭉툭한 코, 다부진 체격 등의 특징을 가진 네안데르탈인은 머리 크기 즉 두뇌 용적이 현생 인류보다 10% 정도 더 컸다는 사실이 밝혀졌다. 두뇌 크기가 크다고 꼭 지능이 좋은 것은 아니지만 대체로 두뇌 크기와 지능은 비례 관계에 있다. 네안데르탈인은 근육질의 강인한 체격에 현생 인류 못지않은 좋은 머리를 가졌던 것으로 보인다. 그들은 신체 조건뿐 아니라 지적·문화적 수준도 호모사피엔스에 뒤지지 않았다.

　집단생활을 하며 도구를 이용하고 장신구를 만들 정도로 문화 수준이 발달했던 네안데르탈인이 사라진 이유는 무엇일까? 호모사피엔스는 어떻게 살아남았을까? 두 인류의 운명을 가른 것은 '사회성'의 차이였다. 호모사피엔스는 도구를 발달시켜 신체적 약점을 극복하여 최후의 인류가 되었고 도구를 이용하는 과정에서 의사소통을 하며 높은 사회성을 발휘하였다. 네안데르탈인은 기껏해야 30명 정도의 가족 단위로 무리 지어 살았던 반면 호모사피엔스는 수백 명 이상의 큰 무리를 이루고 살았다. 호모사피엔스는 사회성을 발휘해 연대하며 온갖 환경적 위기를 극복해 나갈 수 있었다.

호모사피엔스가 살아남은 결정적 이유는 신체적 능력이나 개인의 지능 차이가 아니다. 의사소통을 기반으로 한 높은 사회성 때문이었다. 호모사피엔스는 원시적 형태지만 분업과 협업으로 큰 집단을 유지해 나갈 수 있었다. 연대하며 온갖 환경적 위기를 극복해 나갈 수 있었다. 수백 명이 한 집단으로 살아가기 위해서는 언어가 필수이며 소통이 없다면 생존도 불가능하다. 네안데르탈인도 소리로 소통했을 것으로 추정되나 호모사피엔스는 차원이 다른 언어 능력을 지니고 있었다.

미래학자 유발 하라리는《사피엔스》에서 현생 인류인 호모사피엔스가 살아남은 결정적 이유를 '뒷담화 능력'이라고 말한다. "뒷담화는 악의적 능력이지만, 많은 숫자가 모여 협동하려면 뒷담화가 필요하다. 호모사피엔스가 7만 년 전 획득한 뒷담화 능력은 이들이 몇 시간이고 계속해서 수다를 떨 수 있게 해주었다."라며 소통의 중요성을 강조했다.

다른 사람에 대한 뒷말을 전하며 복잡 미묘한 감정과 정보를 전달하는 유연한 언어 능력은 인간의 지능을 극적으로 발전시켰다. '인지 혁명'이라 불릴만한 뒷담화를 통해 신뢰 관계를 만들고, 집단적 상상을 할 수 있게 되었다.

소통은 공유 능력

지금 우리는 그 어떤 시기보다 급변하는 사회에 살고 있다. 기후 변화를 비롯해 코로나19와 같은 바이러스의 창궐, 과학기술의 발달로 인한 의식과 문화의 지체 현상, 경제 위기의 세계화, 전쟁과 빈곤 등이 우리 삶을 위협하고 있다. 호모사피엔스가 생존할 수 있었던 역사적 교훈을 살펴볼 때다. 미래 인재에게 의사소통, 협업 능력이 요구되는 이유도 여기에 있다. 우리는 개인이 혼자 해결할 수 없는 구조적이고 전 지구적인 문제에 맞닥뜨리고 있다.

소통은 사전적으로 막히지 않고 뜻이 잘 전해지는 것을 의미한다. 그러나 단순히 뜻만 전해서는 풀지 못하는 문제가 많기에 소통은 결국 함께 문제를 해결하는 능력이다. 유대인은 누구와도 스스럼없이 지낼 수 있는 능력을 그 무엇보다 중요하게 생각해 아이가 어릴 때부터 문제가 생기면 스스로 해결하도록 가르친다. 문제를 해결하기 위해 다른 사람에게 사정을 설명해야 하고, 필요에 따라 도움을 요청하기도 해야 한다. 곤란한 상황에서 다른 사람과 성공적으로 소통하는 경험은 아이의 사회성 발달에 결정적 역할을 한다.

유대인 아이들은 자기 생각 말하기를 두려워하지 않는다. 부모님이 항상 자기 말을 존중하며 들어주었던 경험이 쌓여서다. 자신 있는 태도로 조리 있게 말하는 사람은 다른 사람의 이야기도 주의 깊게 잘 듣는다. 유대인의 소통은 정보를 전달하기보다 정보를 공유하고, 감정을 설득하기보다 비슷한 정서를 나누는 공유 능력에 있다. 페이스북이 폭발적으로 성장할 수 있었던 것도 '좋아요' 버튼 덕분이었다. 지적 메시지를 공유하기로 끝내지 않고 간단한 버튼 하나로 공감하는 마음을 전할 수 있었기 때문이다.

봉준호 감독은 영화 〈기생충〉으로 백인들의 리그라고 불리던 아카데미 시상식에서 4개의 트로피를 거머쥐었다. 그는 아카데미 수상 이전 〈기생충〉으로 한국 영화 최초 골든글로브상을 수상하며 이렇게 말했다. "자막의 장벽, 1인치 정도 되는 장벽을 뛰어넘으면 여러분은 훨씬 더 많은 영화를 만날 수 있다."

〈기생충〉은 칸 영화제를 비롯해 수많은 영화제에서 수상했다. UN 가입국 193개보다 많은 202개 국가에서 현지어로 번역되어 상영되는 쾌거를 올렸다. 지극히 한국적 소재에 한국 자본으로 한국인에 의해 만들어진 영화에 전 세계인이 열광하는 이유는 '소통'에 있다. 빈부격차에 대해 공감할 수 있도록 문제의식을 공유했기 때문이다.

경제 전문지 〈포춘〉은 성공한 사람들의 대화법으로 '3.2.1. 법칙'을 제시했다. 대화할 때는 3분 동안 경청하고, 2분 동안 맞장구치며,

1분 동안 말하라는 의미다. 특히 우리는 자녀와 대화할 때 훈계조로 이야기를 자주 하고 아이의 이야기를 듣기보다 말을 많이 한다. 하지만 성공한 사람들은 잘 듣고, 공감하는 데에 대부분 시간을 보낸다. 말은 오히려 간단명료하게 전한다. 중세시대 유명한 랍비 이븐 에즈러는 "들을 때는 말할 때 이상으로 주의를 기울여라."라고 말했다. 우리에게 입이 하나이고 귀가 둘인 이유도 말하기의 두 배만큼 들으라는 의미일 것이다. 잘 듣는 부모에게서 아이는 소통의 능력을 배운다.

아이와 이렇게 해보는 건 어때요?

▸ 새로운 환경을 두려워하는 아이에게 자주 이렇게 이야기해 주세요. "사람들이 너를 좋아할 거야."

▸ 아이의 이야기에 공감하고 잘 들어주세요. 공감의 즐거움을 아는 아이가 다른 사람에게도 공감할 수 있어요.

▸ 아이가 다른 사람을 이해하는 능력을 기를 수 있도록 주변에서 마주치게 되는 상황에 대해 아이와 이야기 나누어 보세요.

| 5 |
삶을 채우는
관계의 소중함

나라 없는 유대인의 삶은 부모 없는 아이의 삶과 같았다. 오랜 고난의 시간에도 불구하고 유대인이 역사 속으로 사라지지 않은 이유는 무엇일까? 서로가 서로를 위한 보호자가 되었기 때문이다. 유대 사회에는 거지가 없다는 말이 있을 정도로 유대인은 공존을 강조했고 지역마다 유대인 공동체를 만들어 민족적 동질성을 지켰다. 유대인은 '너희는 모두 한 형제다.'라는 가르침을 가슴 깊이 새기며 험난한 역사를 극복해 왔다. 공동체 안에서 유대인은 좋은 친구를 사귀고 친구를 경쟁자가 아닌 인생의 동반자로 여겼다.

누구를 아는지가 삶의 자산이 된다

성공한 유대인은 자신의 성취가 오롯이 자기 노력만으로 이루어 졌다고 생각하지 않고 주변 사람들 덕분에 자기가 가진 능력보다 훨씬 좋은 성과를 거두었다고 여긴다. 유대인이 각 분야에서 타의 추종을 불허하는 성공을 거머쥔 비결은 인간관계에 있다. 친구를 통해 함께 성장할 수 있다고 믿기 때문이다. 유대인은 나이 차이, 신분이나 지위와 상관없이 뜻이 통하면 친구가 된다. 아리스토텔레스는 '친구란 두 개의 몸에 깃든 하나의 영혼이다.'라고 말했다.

중국 속담에 '아무리 훌륭한 사람도 세 사람의 도움이 필요하다.'라는 말이 있다. 혼자서는 제아무리 훌륭해도 아무것도 할 수 없다는 말이다. 유대인은 가족만 해도 수십 명이기에, 수천 명의 협력도 너끈한 이들이다. 유대인에게는 '한 사람의 성공은 누가 무엇을 아는지, 누구를 아는지가 결정한다.'는 말이 있다. 지식만으로는 절반의 성공밖에 거둘 수 없다는 의미다. 그를 둘러싸고 있는 인간관계가 나머지 성공을 완성한다.

유대인 부모는 어릴 때부터 인간관계를 소중히 여기도록 가르친다. 좋은 인맥을 쌓는 것이 아이의 삶을 올바르게 이끈다고 여긴다.

한 유대인 학자는 '이 세상의 어떤 사람도 여섯 사람만 거치면 모두 연결된다.'라고 주장하기도 했다. 여섯 사람만 연결되면 어떤 사람인지 드러나기 때문에 누구를 만나든 진심으로 대하라는 의미일 것이다. 좋은 인맥을 쌓는 것은 단순히 친해서는 불가능하며 세상을 바라보는 시선이 같아야 친구가 된다.

유대인 출신의 미래학자 자크 아탈리는 미래의 자산에 대해 이렇게 말했다. "지금까지 가난은 갖지 못한 것을 의미했다. 앞으로의 가난은 소속되지 못한 것이 될 것이다. 미래의 첫 번째 자산은 네트워크에의 소속이 될 것이다. 이것은 '주도적으로 성취해가는 삶'을 살아갈 수 있는 우선적 조건이 될 것이다." 인적 네트워크에는 수많은 자원이 돌고 있다. 새롭게 변화하는 정보와 아이디어, 인재와 돈이 모두 네트워크를 통해 상호작용한다. 인적 네트워크에 속하지 못하는 사람은 도태될 가능성이 크다.

더불어 살아갈 수 있는 능력

이스라엘을 세계적 창업 국가로 손꼽는 이유는 세계 곳곳에 있는 유대인 네트워크 때문이다. 유대인은 네트워크를 통해 서로에서 필요한 지식과 정보를 공유하고 자금을 대거나 중요한 역할을 할 수 있는 사람들을 소개해주기도 한다. 유대인의 인적 네트워크는 세계를 좌지우지할 정도의 막강한 영향력을 발휘한다. 다이아몬드 시장의 경우 한때 유대인이 90%의 장악력을 보인 적도 있었다. 전 세계에 퍼져있는 유대인의 네트워크 덕분이었다. 유대인의 네트워크가 동족만을 위한다는 부정적 평가도 있다. 하지만 네트워크를 통한 협업 능력을 배우기에 유대인만 한 사람들도 없다.

우리는 네트워크 속에 살고 있다. 클릭 한 번으로 친구가 될 수 있는 시스템 속에서 우리는 제대로 된 네트워크를 만들어가고 있을까? 미래의 주인공이 될 우리 아이들에게 요구되는 능력은 NQ^{Network Quotient}다. 공존지수 또는 관계 지수라 불리는 이 지수는 다른 사람과 더불어 살아갈 수 있는 능력을 말한다. NQ가 높을수록 다른 사람들과 원만한 관계를 유지한다. 타인과 좋은 관계를 유지하는 능력이 높을수록 개인의 삶도 성공적이다.

처세술이나 대인관계 기술은 잠깐의 효과만 발휘할 뿐 자기 이익을 위한 관계 만들기는 오랜 시간 유지되기 어렵다. 반면에 NQ는 모두의 행복과 번영이라는 공공의 가치를 추구하는 능력이기에 지속적 영향력이 있다. 타인에 대한 배려나 봉사활동 등을 포함하며 기존의 인맥 형성 기술과 차이가 있다. 인맥의 일반적인 의미는 같은 지역이나, 같은 학교 출신 등 고정되고 폐쇄적인 성격이 강하다. 목적을 이루기 위해 관계를 이용한다는 측면도 있다. 하지만 공존지수는 협력적 상호작용에 기반하기에 끊임없이 변하며 개방적이다. 미래 사회에 필요한 인성 기준으로 공존지수가 주목받는 이유다.

친구를 찾을 때는 한 단계 올라서서 찾기

아무리 뛰어난 사람이라도 혼자서 이루는 성과는 한계가 있다. 함께 무언가를 이루는 과정을 즐기고 그 결과를 나눌 줄 아는 사람이 한발 더 나아갈 수 있다. 〈탈무드〉는 '친구를 찾을 때는 한 단계 올라서서 찾아라.'라고 가르친다. 한 단계 올라서서라는 의미는 하나라도 배울 수 있는 성숙한 친구를 사귀라는 의미다. 지적 능력뿐만 아니라 인간적인 면에서 나의 삶에 좋은 영향을 주는 친구가 한 단계 올라선 친구다.

"나에게 사과 한 개가 있고 너에게도 사과 하나 있다. 우리가 사과를 맞바꾸면 여전히 일 인당 한 개뿐이다. 나에게 아이디어가 하나 있고 너에게도 아이디어가 하나 있다. 그런데 이것을 맞바꾸면 일 인당 두 개씩이 된다."

영미문학에서 셰익스피어 이후 최고의 극작가라는 평을 받는 조지 버나드 쇼의 명언이다. 유대인은 아이디어를 맞바꾸는 전략의 대가들이다. 유대인이 친구와 나누는 것은 우정뿐만이 아니다. 서로에게 도움이 되는 생각을 나눈다. 서로가 가진 아이디어를 맞바꾸고, 또 다른 친구와 맞바꾸어 폭발적인 아이디어를 만들어낸다.

친구는 한 사람의 삶을 바꾸는 힘이 있다. 시인 하이네는 철학자 카를 마르크스를 만나 그의 사상에 매료되었다. 마르크스와의 사상과 우정의 영향으로 《독일, 어느 겨울동화》라는 걸작을 탄생시켰다. 하이네는 자신보다 스물한 살이나 나이가 어린 마르크스를 진심으로 존중하며 친구로 여겼다. 두 천재 유대인의 우정은 나이라는 장벽은 단순한 숫자에 불과하다는 것을 보여준다. 유대인 작곡가 구스타프 말러도 36살이나 많은 작곡가 브루크너와 스승과 제자 사이였지만, 정신적으로 교감하는 친구로 지냈다.

〈탈무드〉는 '현명한 친구는 사람을 현명하게 만들지만, 어리석은 친구는 사람을 어리석게 만든다.'라고 가르친다. 친구로 인해 인생이 달라질 수 있다. 친구를 중요하게 여기는 유대인은 '나'가 아닌 '우리'로 사는 삶을 강조한다. 자기 삶을 잘 관리하면서도 공동체 의식이 우수한 사람은 '따로 또 같이'의 실천을 잘한다. 나와 다른 사람을 있는 그대로 인정하고 존중한다. 함께하는 순간에는 '다 같이'라는 협동심을 발휘한다. 결국 인간의 존엄성을 가르치는 교육이 핵심이다. 친구를 소중히 여기는 마음을 지니면 자연스럽게 좋은 친구를 사귈 수 있다.

서로를 연결하는 힘

유대인은 개인의 올바른 행동과 더불어 사회적 연대 의식을 중시한다. 〈탈무드〉에는 '아무리 길고 훌륭한 쇠사슬이라도 한 개만 부러지면 무용지물이 된다.'는 말이 있다. 유대인은 어려서부터 서로가 서로에게 연결되어 있고 쇠사슬이 아무리 강해도 하나만 끊어지면 전체가 쓸모가 없어진다는 것을 배운다. 나 하나의 역할이 중요하다고 여기면서도 동시에 나 혼자서는 세상을 바꿀 수 없다고 생각하기에 공동체 의식을 강조한다. 존재감 있는 수많은 개인이 모여 세상을 옳은 방향으로 이끄는 튼튼한 쇠사슬이 되어준다.

인맥을 잘 쌓으면 성장할 기회와 정보를 공유할 수 있고 이 정보의 네트워크가 유대인 발전의 기반이 되었다. 함께 성장한다는 가치관은 미래 사회에 더 필요하다. 미래 사회는 뛰어난 한 사람이 만들어가는 사회가 아니다. 최근 미래 역량을 갖춘 인재로 '호모커넥티쿠스'가 언급되었는데 호모커넥티쿠스는 서로 연결하여 새로운 가치를 만든다. 국경과 인종, 성, 종교와 같은 물리적 경계를 뛰어넘어 서로의 지혜를 공유하는 세계화된 인재가 미래 사회를 이끈다.

빠르게 변화하는 세계 속에서 인간도 변화하고 있다. 생각하는 인간인 호모 사피엔스에서 연결하는 인간인 호모커넥티쿠스로 진화한 것처럼 정보가 넘쳐나는 시대에 지식이 많은 이는 미래 인재가 될 수 없다. 미래를 열어가는 핵심 역량의 근본은 '연결 능력'이다.

타인과 연결하기 위해서는 역지사지의 태도로 유연하고 협동적인 사고를 해야 한다. 애플의 스티브 잡스는 "창의적인 것은 연결에서 나온다."라고 말했다. 애플사의 아이폰이 스마트폰의 개념을 바꿔놓은 데에는 기술과 인간의 감성을 연결하는 데 성공했기 때문이다.

페이스북, 에어비앤비, 우버, 알리바바의 공통점은 무엇일까? 기업 자체적인 내용을 갖고 있지 않다는 점이다. 자체 콘텐츠 하나 없는 미디어 기업 페이스북, 호텔을 갖고 있지 않은 숙박기업 에어비앤비, 택시 한 대 갖지 않은 운송기업 우버, 제품생산 없이 판매하는 알리바바, 모두 연결을 통해 파트너와 협력 관계를 만들어 돈을 버는 기업들이다. 에어비앤비 같은 경우 어떻게 보면 그들이 가진 것은 달랑 웹사이트 하나일 수 있다. 하지만 119개 국가의 빈방이나 집을 사용자와 연결해주며 숙박 시설 없는 숙박업의 신세계를 열어 세계 곳곳에 엄청난 호텔을 소유한 힐튼 호텔보다 큰 자산규모를 가지게 되었다.

협력이 미래의 희망을 만든다

유대인이 거대한 부를 쌓은 이유 중 하나는 인간관계의 중요성 때문이다. 유대인은 '진심으로 타인을 대하고, 기꺼이 남을 돕는다.'라는 원칙을 지킨다. 일반인도 남을 돕는 것을 미덕으로 여기지만 유대인은 단순히 돕지 않는다. 도움을 받는 사람과 도와주는 사람 모두에게 이득이 되는 방식을 택한다. 여기에 유대인의 지혜로움이 있다. 부유한 구두 판매상이라면 가난한 자에게 구두 만드는 기술과 가게를 여는 자본을 빌려주고 자신의 구두점이 서쪽에 있으니 도움을 받는 사람에게는 동쪽에 가게를 내게 한다. 구두에 대한 시장 선호도를 높이며 윈윈한다. 유대인은 일방적인 자선이 아닌 협력을 통해 타인을 돕는다.

유대인은 다 같이 성공하는 방식으로 미래를 개척한다. 상대방과 경쟁을 통해 손해와 고통을 안겨주는 경영 방식이 아닌 협업의 방식으로 상생한다. 예를 들어 한 사람이 스테이크 가게를 열어 크게 돈을 벌면 머지않아 다른 사람이 근처에 스테이크 가게를 여는 것을 쉽게 볼 수 있다. 그렇게 또 다른 여러 개의 스테이크 가게가 생기면 치열한 경쟁으로 대부분 망한다.

하지만 유대인은 다 같이 성공하는 방식을 택한다. 스테이크 가게가 잘 되면 누군가는 그 근처에 카페를 차린다. 또 다른 사람은 근처에 주유소를 연다. 이렇게 되면 거리 자체가 활성화되어 다 같이 돈을 버는 구조가 만들어진다. 유대인은 협력으로 성공을 끌어낸다.

협업의 대표적인 분야가 영화다. 세계 영화계에서 유대인의 역할을 두드러진다. 영화는 각본, 연출, 촬영, 미술, 편집, 음악 등 각 분야가 전문성을 갖지만, 이 모든 분야가 협력해야 한 편의 영화로 완성된다. 1930년대까지 할리우드 감독, 제작자, 시나리오 작가 등 영화계 인사의 60%가 유대인이었다. 미국의 메이저 영화사인 유니버설 스튜디오, 파라마운트, 워너브러더스, MGM, 20세기 폭스, 컬럼비아, 드림웍스 등은 모두 유대인이 만들었다. 보통 예술가는 자유분방한 기질 때문에 협업하기 어렵다고 말하지만 유대인은 재능이 우수하면서도 협동심을 가지고 영화를 제작했다.

〈탈무드〉에는 '모든 유대인은 서로를 책임진다.'라는 말이 있다. 유대인 한 사람의 삶이 유대인 전체와 연결되어 있고, 세계 전체와 연결되어 있다고 여긴다. 유대인은 개인의 영달이 아닌 세상과 우주의 질서를 알아내려 공부하고 신에 대한 추상적 사고를 하며 자랐기에 눈에 보이지 않는 영역에 대한 호기심도 크다. 유대인이 단기적 결과가 나오지 않는 연구에 매진하는 것도 이런 이유다. 유대인 중에는 의학이나 생리학에서 중요한 성과를 낸 인물이 많고 노벨상의 생리의학 부문 수상자 중 26%가 유대인이다. 각종 질병으로 인한 인간의 고통을 덜어주는 것은 매우 가치 있는 일이라 여기기 때문이다.

불완전한 세상을 바꾸려는 노력은 나 자신을 위한 일이자 다 같이 행복한 길이다. 유대인은 더 좋은 세상을 만들기 위해 지성을 연마한다. 미래 사회는 사람과 사람이 연결되는 사회이고 연결은 눈에 보이지 않는 집단의 힘이다. 유대인은 집단 지성의 중요성을 일찍부터 깨달았다. 함께 모여 생각하고 토론하며 희망을 만들었다. 〈탈무드〉도 한 사람의 위대한 결과물이 아닌 수많은 이들의 지성이 합쳐 만들어 낸 결과다. 아이에게 세상과 연결되어 있다는 것을 알려주자. 자신의 소중함을 알게 될 것이다.

아이와 이렇게 해보는 건 어때요?

▸ 친구를 이해하고 배려하는 행동을 한 모습을 잘 봐두었다가 진지하게 칭찬해 주세요.

▸ 친구 관계에 어려움을 겪는 경우 아이의 마음에 공감해 주고, 아이가 무엇을 원하는지 스스로 찾도록 도와주세요.

▸ 친구를 집으로 자주 초대해 어울려 놀게 하세요. 친구 관계를 어려워한다면 또래보다 어린 아이와 놀게 하는 것도 아이의 대인관계 능력을 키우는 데 좋아요.

▸ 아이가 좋아하는 친구의 장점에 관해 이야기하는 시간을 가져보세요.

▸ 아이가 하는 작은 행동이 세상에 어떤 영향을 미칠지에 대해 자세히 이야기해 주세요(밥을 남기지 않고 먹었다면 농부의 뿌듯함, 음식물쓰레기 감소로 지구 환경의 변화 등).

▸ 선거와 같은 정치 참여 기회가 생기면 아이와 정치인에 대해 이야기를 나누고, 투표장에 아이를 데리고 가세요.

| 6 |
자신의 길에
당당하게 서기 위해

유대인은 삶을 이루는 두 축이 지성과 인성이라고 생각한다. 세상을 꿰뚫어 보는 지성에 인간미까지 겸비한 사람이 되기를 원한다. 친절하고 사려 깊은 행동으로 공동체에 안정감을 주고 신뢰받는 사람이 되고자 한다. 유대인이 추구하는 인재상은 오랜 옛날부터 '멘쉬'라 불리는 존경받는 사람이다. 멘쉬는 인간관계에서 완전한 신뢰를 받는 사람으로 쉬운 길보다 어려운 길을 가더라도 자신의 삶에 믿음이 있으며, 이 길을 통해 자기뿐 아니라 세상 모든 이에게 도움이 되고자 하는 사람이다.

겸손하고 이타적이며 조화로운 삶을 추구하는 사람은 주변 사람에게 선한 영향력을 미친다. 존경받는 사람은 혼자서 잘나기보다 함께 살아가려는 의지를 지닌 사람으로 사회에 도움이 되는 존재다. 인성도 실력인 시대가 되었다.

인성 엘리트가 중요한 시대

미국 최초의 대학인 하버드대학교는 1636년에 청교도 지도자들에 의해 설립되었다. 2년 후 존 하버드 목사가 자신의 책과 재산 절반을 기부하며 하버드대학교로 이름이 바뀌었다. 하버드대 캠퍼스로 들어가는 문 중 많은 학생이 다니는 덱스터 게이트 위에는 이런 글귀가 있다. 캠퍼스로 들어가는 방향에는 '들어와서 지혜로운 사람으로 성장하라Enter To Grow in Wisdom'라고 쓰여 있다. 캠퍼스 밖으로 나가는 쪽에는 '떠나서 세상과 인류에 더 나은 봉사를 하라Depart To Serve Better Thy Country and Thy Kind'는 글이 있다.

하버드대는 세계적 리더를 양성하는 대학으로 유명하다. 이 대학이 추구하는 교육 목표는 지식이 많은 사람이 아닌 지혜로운 사람이 되는 것이다. 치열하게 공부한 후 대학을 떠날 때는 개인의 부귀영화를 추구하는 사람이 되지 말라고 말한다. 지혜를 얻은 후에 사회에 도움이 되는 사람, 봉사하는 사람이 되라는 뜻이다.

조우석 전 하버드대 케네디스쿨 입학사정위원은 "SAT(미국 대학입학자격시험) 만점을 받고도 대학에서 입학허가를 받지 못하는 학생들이 있다."고 말했다. "하버드대는 인성과 리더십이 뛰어난 '인성 엘리트'를 뽑는다."며 선진국의 학생 선발에 인성이 가장 중요한 요소라고 강조했다.

인성과 리더십이 뛰어난 사람은 어떤 사람일까? 하버드대는 성취 동기가 강하고 문제해결 능력이 우수한 학생이라 말한다. 이는 학생이 어떤 삶을 살아왔는가를 본다는 의미다. 동아리 활동과 봉사활동 실적, 추천서와 개인이 쓴 에세이를 통해 자신이 처한 상황을 창의적으로 극복해 자신만의 삶을 살아가는 인재를 선발한다. 심사위원들은 최근 2~3년간 어떻게 살았는가도 중요하지만, 오늘에 이르기까지 그 사람의 성장 과정을 살핀다고 한다. 삶의 변화지점에서 어떤 판단을 내렸는가를 통해 그 사람의 인성과 판단 능력, 리더십을 볼 수 있기 때문이다.

하버드대 재학생 중 유대인의 비율은 30%에 달한다. 예일대는 28%, 보스턴대는 24%로 미국에서 손가락에 꼽히는 명문대에 유대인이 많은 이유는 무엇일까? 선진 명문대의 인재상과 유대인의 교육 철학이 맞닿아 있기 때문이다.

유대인의 자녀 교육은 멘쉬를 목표로 한다

멘쉬는 부와 명예를 성취한 성공한 사람이 아니다. 아무리 부자가 되고 명예로운 사람이 되어도 이를 사회에 환원하지 않는다면 멘쉬가 될 수 없다. 다른 사람에게 도움이 되는 이타적인 사람이 멘쉬의 조건이며 유대인에게 가장 치욕적인 말은 "그(그녀)는 멘쉬가 아니야."다.

진솔하게 사람과 관계를 맺을 수 있는 능력이 진짜 실력인 시대에 혼자서는 성공할 수 없다. 해결해야 할 문제는 복잡해졌고, 각 분야는 긴밀히 연결되어 있으며, 개별 분야의 전문성은 깊어졌다. 혼자 모든 걸 만들어내던 시대가 아니기에 다양한 분야의 인재들과 협업하는 능력이 필수다. 구글, 애플, 페이스북, 마이크로소프트 등의 미래 기업은 모두 혼자 힘이 아닌 팀으로 만들어졌다. 다른 사람과 함께 일할 수 있는 사람은 공감, 배려, 의사소통 능력, 협업, 협상 능력이 뛰어나다. 모두 인성을 이루는 덕목이다.

유대계 작가 해리 케멜먼의 소설 《Tuesday the Rabbi Saw Red 화요일에 랍비는 격노했다》에서 주인공인 랍비 데이비드 스몰은 이런 말을 한다. '유대인의 종교는 날마다 의식적으로 선과 정의를 실현하는 것이다. 우리가 추구하는 것은 인간적인 덕이지 초인적인 성인의 덕은 아니다.' 어느 사회나 선과 정의와 같은 가치를 중요하게 여긴다. 하지만 유대인의 탁월함은 날마다 선과 정의를 실현한다는 데 있다. 평범한 인간이 실천하기 어려운 고차원적인 덕이 아니라 보통의 인간으로서 할 수 있는 선과 정의를 삶의 목적으로 삼고 있기에 유대인의 선은 실체가 있다. 살아있는 정의이므로 사람들의 삶에 실제로 영향을 미친다.

21세기 리더의 자질은 도덕성에서 시작한다

독일 막스플랑크연구소 바르네켄은 생후 18개월의 어린 아기들도 남을 돕는 이타적인 행동을 한다는 점을 밝혀냈다. 연구에서 실험자는 생후 18개월 된 아기 앞에서 책을 책꽂이에 꽂거나 빨래집게로 수건을 집는 행동을 하다 책이나 집게를 떨어뜨렸다. 이를 쳐다보던 만 두 살도 안 된 아기는 상대가 도움이 필요하다는 것을 알아채고 실험자에게 다가가 떨어뜨린 물건을 주워주었다. 심지어 아기는 즐겁게 놀다가도 놀이를 중단하고 다른 사람을 도왔다. 남을 돕는 도덕성은 본능적으로 타고나는 측면이 있다. 유대인 부모의 도덕 교육이 탁월한 점은 이 본능을 꾸준히 유지하고 발전하도록 하는 데 있다.

어린 아기들이 칭찬을 받기 위해 남을 도운 것이 아닌 것처럼 유대인도 남을 돕는 것은 인간의 당연한 도리라고 가르친다. 종교적 의무를 지워 선과 정의를 실천하기에 유대인의 종교는 삶과 일체화된 종교라 할 수 있다. 유대인 부모가 자녀를 멘쉬로 키우려는 이유도 무의식적으로 선한 행동을 하는 사람으로 키우려는 데 있다. 남의 시선을 의식한 의도적인 선한 행동은 상황의 유리함과 불리함에 따라 행동 기준이 달라진다. 유대인이 윤리적으로 엄격한 사람들이라는 평가를 받는 데에는 원칙을 지키는 가정 교육이 있다.

유대인은 아이가 '착한 아이 콤플렉스'에서 자유롭게 한다. 권위적이고 강압적인 부모 밑에서 자란 아이일수록 '착한 아이'가 되어야 한다는 강박감이 심해진다. 착한 아이로 보이기 위해 자신이 원하지 않는 행동을 하며 내면의 욕구를 억압한다. 결국 아이의 내면이 뒤틀어지며 성격과 가치관이 건강하지 못하게 된다.

유대인 부모는 아이에게 옳고 그름을 강요하지 않는다. 아이가 스스로 판단을 내리도록 자유로운 분위기를 만든다. 대신 아이가 자신의 행동에 대한 근거를 명확하게 말할 수 있도록 충분한 대화를 나눈다. 아이는 자연스럽게 도덕을 내면화하며 자율적으로 행동하는 사람이 된다.

스탠퍼드대 경영대학원 제프리 페퍼 교수는 "앞으로 기업을 이끌 리더는 성직자 못지않은 도덕성을 함양해야 한다."라고 직언한다. 과거 산업화 시대의 리더는 성과를 창출하는 리더십이 주목받았다. 최근에는 구성원들의 의식 수준이 높아지고 정보의 개방성이 커짐에 따라 도덕적 눈높이가 높아졌다.

리더의 역량을 따지는 건 도덕성이 담보된 이후의 문제로 진정성 있는 리더십을 요구한다. 리더가 정직하지 않거나 말과 행동이 일치하지 않으면 조직 내 긍정적 영향을 미치지 못하기 때문이다. 구성원이 자발적으로 따르는 리더가 진짜 리더가 된다. 21세기 리더의 가장 중요한 자질이 도덕성에서 시작된다.

유대인 부모는 자녀를 신의 선물로 생각한다. 잠시 맡아 기르다 다시 돌려드린다는 생각을 지니고 있어 자녀의 의사를 존중하며 기른다. 부모 한쪽의 뜻에 아이를 맞추는 것이 아니기에 민주적이고 개방적이다. 부모와 아이의 관계가 좋아질 수밖에 없다. 도덕을 왜 지켜야 하는지, 남을 돕는 행동이 왜 중요한지 자기 생각을 하게 되면 아이의 행동은 달라진다. 도덕적 감수성이 향상되며 도덕적인 사람이 된다. 존중받아 본 기쁨을 아는 사람이 다른 사람을 존중할 줄 안다. 멘쉬는 멘쉬다운 부모에게서만 나온다. 아이에게 최고의 스승은 부모라는 생각을 잊지 말자.

- 세상에 이바지한 실존 인물에 관한 자료를 찾아 보여주며 아이와 이야기를 나누세요.
- 부모님이 도덕적인 행동을 하는 모습을 보여주고, 이 상황에 대해 아이와 이야기를 나누어 보세요.
- 아이가 어떤 사람이 되고 싶은지 이야기를 나눠보세요. '직업'이 아닌 '세상에 미치는 영향력'을 중심으로 이야기를 하면 좋아요.

5장

본질에 집중하는 창의성 교육

| 1 |
한계에서 벗어나면
창의력이 생긴다

한국은 전쟁의 폐허에서 고도의 성장을 이룬 몇 안 되는 국가다. 그 배경에는 선진국의 기술이나 지식을 모방해 단기간에 키운 암기형 인재가 있었다. 주입식 교육은 가장 효과적인 방법이었지만 더는 모방하는 인재의 설 자리가 줄어들고 있다. 다름과 새로움으로 경쟁하는 시대가 도래했기에 무엇보다 창의력이 관건이다.

기존의 경험이나 지식에서 벗어나 한 번도 본 적 없는 세상을 꿈꾸어야 하기에 전혀 관련이 없는 것들을 연결할 줄 아는 능력이 필요하다. '비논리적인 것이 상상력의 도움으로 논리적인 것이 될 수 있다.'라는 유대 격언이 있다. 우리 아이들은 상상이 현실이 되는 세상에 살게 될 것이다.

남과 다른 재능이 창의성의 씨앗

창의성은 새로운 생각을 만들어내거나 기존에 있던 것을 조합해 새로운 것을 창조해내는 일이다. 생각을 통해 발현되는 정신적 과정이자 사회가 발전할수록 협업에 의해 폭발적으로 성과를 낸다. 유대인은 정신적이고 사회적인 능력 모두 탁월한 능력을 지니고 있다.

모두가 자본주의의 풍요로운 성과에 열광할 때 철학자 카를 마르크스는 반작용에 집중했다. 노동자의 피폐해진 삶에 주목해 사회주의 사상을 창시했다. 정신과 의사 프로이트는 인간이 의식적으로 행동한다는 통념을 뒤엎고 무의식의 세계를 찾아냈고 아인슈타인은 뉴턴의 물리학 세계를 뒤집어 또 다른 세계가 있음을 입증했다. 조나스 솔크를 비롯해 인간을 질병의 고통에서 벗어나게 만든 수많은 의학자, 샤갈, 피카소, 멘델스존과 같은 위대한 예술가들, 금융의 로스차일드, 구글의 래리 페이지와 세르게이 브린까지 창의적인 유대인은 셀 수가 없을 정도다.

유대인은 뛰어난 창의성으로 누구도 생각하지 못한 새로운 세상을 열었다. 미지의 세계를 밝혀내 인간의 가능성을 넓혔다. 인재의 스펙트럼이 넓다는 것이 유대인 창의성의 특징이다. 유대인이 다양한 분야에서 창의성을 발휘할 수 있었던 것은 부모의 자녀 교육관 덕분이다. 유대인 부모는 자녀가 커서 무엇이 되었으면 좋겠다는 식으로 아이의 성장을 규정하지 않는다. 남들이 추구하는 성공의 길로 아이를 이끌지 않는다. 아이가 가진 본연의 모습을 존중하고 남과 다른 재능이 무엇인지 찾는 데 집중한다. 각자의 개성과 재능을 살리면 아이들은 모두 자기 분야에서 최고가 될 수 있다.

이어령 전 이화여대 교수는 "모두가 한 방향으로만 뛰면 1등이 한 명뿐이지만, 360도로 뛰면 360명이 1등을 할 수 있어요."라고 말했다. 각자의 영역에서 최선을 다해야 창의성이 만들어진다. 유대인의 부모는 '남과 다른 재능'을 강조하지만 한국 사회는 '남보다 뛰어난 재능'을 추구한다. 사회가 다양한 가치를 존중해 줄 때 창의성도 함께 성장한다. '창의성을 정의하는 순간, 그것은 더는 창의성이 아니게 된다.'라는 말은 창의성에 대한 본질적 특성을 말해준다. 아이에게 어떤 사람이 되라고 가르칠수록 창의성은 위축될 수밖에 없다.

지식보다 창의력이 필요한 때

유대인 영화감독인 스티븐 스필버그는 자신의 창의력 원천이 부모님의 교육에 있다고 말했다. 어느 날 밤 스필버그의 아버지는 이유도 말해주지 않고 아들과 단둘이 차를 타고 사막 한가운데로 달려갔다. 이런 아버지의 행동에 어린 스필버그는 두려움을 느꼈다. 마침내 사막에 도착하자 스필버그는 수백 명의 사람이 누워 있는 광경을 보게 되었다. 아버지는 담요를 바닥에 깔고 아들과 함께 누워 하늘을 바라보았다. 하늘에서는 거대한 유성비가 쏟아졌고 수만 점의 빛이 하늘을 가르는 아름다운 광경은 소년의 가슴에 우주적 궁금증을 심어주었다. 이 경험은 두고두고 스필버그의 창의성에 불을 지펴주었다.

창의적인 생각은 독창성을 바탕으로 하며 나만의 독창적인 생각은 상상력을 통해 키울 수 있다. 유대인은 상상력이 풍부한 사람이 미래를 이끌어갈 수 있다고 여긴다. 아인슈타인은 "상상은 지식보다 훨씬 더 중요합니다. 지식은 제한적입니다. 그러나 상상은 온 우주를 그 안에 담을 수 있습니다."라며 지식 위주의 교육을 비판했다. 그는 "논리는 우리를 A에서 B로 가게 할 것이다. 하지만 상상력은 우리를 그곳이 어디든 가게 할 것이다."라고 말했다. 우리 아이들은 정해지지 않은 미래에서 살아갈 것이기에 어디든 갈 수 있는 능력이 필요하다.

한국 학생과 부모들의 학업성취를 위한 노력은 세계 어디에 내놓아도 손색이 없다. 하지만 과학영재는 있어도 세계적인 과학자로 육성하기 어렵다는 말이 나오는 이유는 무엇일까? 정진호 한국과학기술한림원 총괄부원장은 수업시간에 필기를 잘한 학생의 학점이 높은 대학의 현실이 문제라며 시험기술자가 성공하는 구조에서는 창의적 연구가 나오기는 어렵다고 지적했다. 교과서의 정답을 그대로 잘 외우는 학생이 우리 사회에서는 성공한다. 창의적으로 생각하더라도 시험을 볼 때는 정답을 써야 좋은 점수를 받는다. 창의적인 생각을 강조하지만 정작 창의성이 받아들여지지 않는 우리 사회의 문화를 돌아볼 때다.

유대인 부모는 어떤 사람으로 살고 싶은지 아이의 의지를 존중하고 평소 대화를 나누는 것이 일상이기에 아이는 자유롭게 의견을 말한다. 부모는 아이가 되고 싶은 사람의 모습을 그리고 명확하게 목표 의식을 갖도록 도와준다. 어떤 직업을 갖겠다는 목표가 아니라 삶의 방향을 찾도록 격려하고 목표를 세운 뒤에는 아이의 사소한 일에 시시콜콜 간섭하지 않는다. 자율적 선택의 폭을 넓혀줄수록 아이의 창의성은 성장한다. 시행착오를 겪으며 생각의 깊이가 생기고 아이는 무엇을 해도 부모가 지지해준다는 든든한 안정감을 느낀다.

자기다움을 느낄 때 창의성이 발현된다

창의성에 대한 시각은 '그^{He}'에서 '나'로, 그리고 '우리^{We}' 순으로 변화하고 있다. 과거의 창의성은 '그^{He}'라고 하는 소수의 특별한 몇 사람, 모차르트 같은 타고난 천재에게만 창의성이 있다고 여겼다. 세상을 떠들썩하게 하는 창의성을 발휘하기에 'Big' 창의성이라고 불렀다. 이와 달리 누구에게나 창의성이 있다는 생각이 '나'의 창의성이다. 음식을 만들 때 남과 다른 새로운 재료를 넣어보는 일상적인 새로움도 창의성이라 보는 시각이다. 'Little' 창의성이라고 불리며 창의성에 민주화를 가져왔다. '우리^{We}' 창의성은 문화적으로 인정되는 창의성으로 사회에서 인정하지 않으면 창의성은 발현될 수 없다.

창의성에 대한 시각을 통해 창의적 인재를 키울 수 있는 힌트를 얻을 수 있다. 사회·문화적으로 창의성을 발현하는 토대를 만들면 누구라도 창의적인 사람이 될 수 있다. Big 창의성만을 창의성이라고 인정하기에는 우리 사회는 다양하고 무한한 가능성을 가지고 있다. 창의적 인재는 타고난 사람이 아니라 사회에서 만들어진다.

창의성 학자 토랜스는 "창의성이란 더 깊게 파는 것, 두 번 쳐다보는 것, 나오는 것, 볼 수 있는 구멍을 만드는 것, 자신의 음색으로 노래하는 것, 고양이의 말을 귀담아듣는 것, 태양에 플러그를 꽂는 것, 내일과 악수하는 것이다."라고 정의했다.

창의성은 누구나 가지고 있어서 표현되고 인정받으면서 창의적 성과로 나타난다. 사소한 발견이나 작은 생각의 변화에서 창의성이 시작된다. 창의성이라는 씨앗에 경험과 지식, 끈기 있는 노력이라는 햇볕과 물을 주면 세상에 꽃을 피운다.

창의성을 키우기 위해 유대인 부모는 남과 다른 생각을 하도록 격려한다. 엉뚱하고 기발한 생각을 칭찬하며 생각의 물꼬를 틔우기 위해 끊임없이 질문한다. 아이만의 특별한 재능을 발견하기 위해 아이의 흥미가 어디로 향하는지 관찰한다. 유대인 부모는 아이가 다양한 경험을 할 수 있도록 여러 사회 활동에 참여하는 기회를 만든다.

일반적으로 물질적 혜택과 같은 보상은 좋은 행동을 강화한다고 생각한다. 하지만 창의성의 경우에는 그다지 효과가 없는 데다 오히려 창의성을 감소시킨다는 증거도 있다. 창의성 연구의 대가인 하버드대 테레사 에머빌 교수는 보상이 예술가, 과학자 그리고 아동에게서 창의성을 감소시킨다는 연구 결과를 발표했다. 창의성은 누군가가 알아준다고 향상되지 않고 물질적 보상을 받기 위해 노력한다고 창의성이 생기는 것도 아니다. 내가 창의적인 무언가를 이루었다는 데서 오는 만족감이 더 의미있다. 그래서 사소한 일에서 의미 있는 작은 성공을 맛보게 하는 게 중요하다고 에머빌 교수는 말한다.

창의적으로 생각해 보라고 아이에게 주문할수록 아이의 창의성은 주눅 든다. 무엇을 해도 괜찮다는 허용적 분위기를 만들어주는 것이 필요하다. 아이에게 한계를 지우지 않는 심리적 안정감이 창의성을 끌어낸다. 인간중심 치료를 만든 심리학자 칼 로저스는 자아를 실현한 사람이 창의적이라고 말한다. 인간은 창조하는 행위 그 자체에서 만족감을 느끼는 존재라고 보았다. 아이가 스스로 무언가를 할 수 있도록 애정을 가지고 지켜보자. 아이가 자기다움을 느낄 때 창의성이 발현된다. 아이만이 가진 특별함이 창의성의 원천이다.

아이와 이렇게 해보는 건 어때요?

▸ 엉뚱하고 기발한 아이의 말에 크게 감동하고 즐겁게 반응해 주세요.
▸ 부모님이 아이에게 가장 편한 대상이 될 수 있어야 아이가 한계를 갖지 않고 무엇이든 할 수 있어요.
▸ 식물, 곤충, 동물, 해와 달 등 자연을 자세히 관찰하는 놀이를 통해 세상이 신비롭고 놀라운 것투성이라고 느끼게 해주세요.

2

안전한 길이 아닌
나만의 길을 걷기 위해

유대인 부모는 자녀가 규범의 틀에 갇혀 똑같이 생각하고 비슷한 꿈을 꾸기를 원하지 않는다. 남과 다른 개성이 실력이며 경쟁력이라고 여기기 때문이다. 4차 산업혁명 시대는 획일화된 인재보다 다양한 재능과 개성을 지닌 인재가 필요하다. 평범한 1등보다 개성 있는 전문가가 주도하는 시대가 되었다. 나만의 특별한 무언가를 파고드는 덕후가 성공한다.

이스라엘이 손꼽히는 창업 국가가 된 이유도 나만의 도전을 격려하고 지원하는 유대인 문화 덕분이다. 창의력은 기존의 이론을 공부한다고 해서 길러지지 않는다. 기존의 생각이나 개념을 무너뜨리는 파괴행위가 창의력을 키우고 자유롭고 독창적인 사고가 가장 큰 경쟁력이된다.

이상한 기술을 찾는다면 이스라엘에 가라

지중해 동쪽 사막 위에 세워진 이스라엘은 대한민국 국토 면적의 1/5에 불과한 작은 나라다. 총인구는 921만 명으로 973만 명인 서울보다도 적다. 이 작은 나라의 미국 나스닥 상장기업 수는 미국, 중국에 이어 세 번째로 전 유럽 국가의 나스닥 상장기업 수보다 많다. 나스닥 상위 20개 기업에는 애플, 마이크로소프트, 아마존, 테슬라, 구글 등의 초일류 기업이 분포하고 있다. 나스닥 시장은 세계를 주도하는 기술중심 기업이 상장된 명실상부 최고의 자본시장이다. 나스닥에 상장되었다는 자체가 그 회사의 경쟁력을 나타내는 것이다.

"이상한 기술을 찾는다면 이스라엘에 가라."는 말이 있을 정도로 이스라엘은 기발한 창의적 인재가 많은 나라다. 전 세계 글로벌 IT 기업들이 탐내는 스타트업이 이스라엘에 많다. 스타트업은 혁신적 아이디어와 기술로 신생 분야에 도전하는 소규모 회사로 로켓처럼 수직으로 상승하듯 성장하는 것을 목표로 한다. 애플, 구글, 마이크로소프트와 같은 대형정보기술기업(빅테크기업)뿐 아니라 트위터,

페이팔, 우버 같은 기업도 스타트업으로 시작했다. 4차 산업혁명을 이끌 인공지능, 자율주행, 로봇 분야에 특히 독보적인 스타트업이 이스라엘에 많다.

이스라엘은 한 해에 약 1,000여 개의 스타트업이 만들어진다. 2020년 기준으로 대략 6,600여 개의 스타트업이 존재하고 있어 인구로 비교하면 1인당 벤처창업률은 압도적 세계 1위다. 미국 실리콘밸리와 이스라엘의 수도 텔아비브는 긴밀한 관계를 맺으며 사업을 이루어 나간다. 지난 2013년 구글은 이스라엘 네비게이션 스타트업 '웨이즈'를 인수했는데, 우리나라 돈으로 1조 원이 넘는 금액이었다. 뛰어난 기술력으로 세계 자본을 끌어들이며 성장하는 이스라엘은 중동의 실리콘밸리라 불린다.

이스라엘이 창업 왕국이라는 명성을 얻게 된 배경에는 교육과 사회 제도가 뒷받침됐다. 유대인 교육은 자신만의 아이디어를 격려하고 이를 실행에 옮기도록 격려한다. 어릴 때부터 나만의 특별함을 찾으며 자란 아이는 차별화된 성과를 만들어낸다.

이스라엘 정부는 창업에 실패하면 첫 창업 때보다 더 많은 자금과 인큐베이팅 프로그램을 지원한다. 약 2%의 성공률을 보이는 창업 현장에서 이스라엘 정부는 실패한 98%를 지원하기 위한 재정지원금을 따로 관리한다. 실패하면 이전보다 20%나 더 많은 추가지원을 하면서 젊은 창업자들이 실패를 두려워하지 않고 창업에 도전할 수 있는 구조를 만든다. 실패의 책임을 창업자가 오롯이 떠안지 않는다.

모두 같은 길을 가면 실패자가 생긴다

유대인 부모는 자녀가 자신만의 삶을 개척하도록 교육한다. 모두가 가는 길이 아닌 '나만의 길'을 가라고 가르친다. 20세기 최고의 시인으로 평가받으며 퓰리처상을 4번이나 받은 시인 로버트 프로스트는 〈가지 않은 길〉이라는 시에서 이렇게 말한다. "두 갈래 길이 숲속으로 나 있었다, 그래서 나는 사람이 덜 밟은 길을 택했고, 그것이 내 운명을 바꾸어 놓았다." 이 시는 내가 가지 않은 길에 관한 이야기다. 어떤 선택을 하든 인간은 가지 않은 길을 떠올리며 아쉬움과 동경을 갖는다. 나만의 길에 대한 번민은 인간의 숙명이므로 담담하고 묵묵히 그 길을 걸으라 말한다.

영화 역사상 가장 위대한 코믹 예술가로 평가받는 찰리 채플린은 영국의 유대인 가정에서 태어났다. 미국으로 건너가 희극배우의 꿈을 이루었지만, 코미디는 저속한 취급을 받았다. 미국 대중은 코미디가 겉으로 보여주는 희극적 요소에만 집중했다. 채플린은 자신만의 코미디 연기를 하기로 마음먹었다. 인간의 삶을 통찰한 독특한 코미디 연기로 인생의 기쁨과 슬픔을 모두 표현하는 새로운 장르를 개척했다. 〈모던 타임즈〉, 〈황금광 시대〉 등 그의 영화는 "인생은 멀리서 보면 희극이고 가까이서 보면 비극이다."라는 말을 재현해냈다. 조지 버나드쇼는 찰리 채플린을 '영화 산업에서 나온 유일한 천재'라며 그의 창의성을 높이 평가했다.

워런 버핏, 조지 소로스와 함께 세계 3대 투자자로 손꼽히는 짐 로저스 회장이 몇 해 전 한국을 찾았다. 그는 전 세계를 누비며 얻은 지식을 토대로 미래를 예측하는 통찰가로 명성이 높다. 로저스 회장은 방한 중에 노량진에서 공무원 시험을 준비하는 학생들을 만나기도 했다. "한국 젊은이들의 첫 번째 꿈이 공무원이라 걸 듣고 마음이 아팠습니다. 한 여학생은 하루 15시간 공부하지만, 시험에 합격할 확률은 100분의 1이라고 하더군요."라며 청년들이 좌절하는 한국 상황에 주목했다. 모두가 같은 길을 가려고 하는 우리 사회에서는 실패자가 나올 수밖에 없다.

로저스 회장은 한국의 인구는 점점 줄어드는데 모든 사람이 공무원이 되려는 현실이 안타깝다고 했다. 도전을 두려워하지 않아야 할 젊은이들이 '안정'만을 추구하는 것은 절망적이라며, 한국의 현실이 조금 슬프다고 직언했다. 한국 10대 청소년의 꿈은 빌 게이츠나 마크 저크버그가 아닌 공무원이다.

도전하지 않는 것이 일반적인 사회가 되었다는 의미다. 도전하지 않고서 훌륭한 인물이 될 수 없다. 위대한 인물이 나올 수 없는 사회는 발전하기 어렵다. 이스라엘 청년들은 끊임없이 창업하며 실패도 한다. 그래도 다시 도전할 수 있는 것은 도전을 당연하게 만드는 사회문화가 있기 때문이다.

'남들처럼'이라는 생각에서 벗어나야 길이 보인다

〈탈무드〉에는 '승자는 눈을 밟아 길을 만들고, 패자는 눈이 녹기를 기다린다.'라는 말이 있다. 내가 가고자 하는 길을 만들어가는 사람이 진정한 승자가 된다는 의미다. 새로운 생각을 실천하기 위해서는 강한 모험심이 필요하다. 많은 사람에 의해 안전하다고 입증되지 않은 선택을 하기 때문이다.

하지만 유대인은 눈이 녹지 않은 길을 만들어가듯, 새로운 삶에 대한 설렘과 동경으로 인생을 헤쳐나간다. 실패의 위험을 알지만, 경험하지 않고서는 위험의 통제 가능성을 알 수 없다. 유대인 부모는 도전의 경험으로 얻는 실패가 아이를 성장하게 만든다고 생각한다. 경험이 쌓이면 해결책도 생기기 때문이다.

　세계적 영화감독 스티븐 스필버그는 영화 〈죠스〉로 명감독의 반열에 올랐다. 그는 〈죠스〉를 촬영하며 수많은 기술적 문제에 부딪혔는데 그를 괴롭힌 것은 바로 죠스 역할을 하는 기계 상어였다. 상어 역할을 해야 하는 기계가 물속에 들어가면 번번이 고장 났기 때문이다. 그는 방법을 찾아야 했고 죠스라는 상어가 보이지 않는 게 오히려 더 무서울 거라는 생각을 떠올렸다. 창의력을 발휘해 사람이 바닷속에서 공포를 느낄 때는 아무것도 보이지 않는 순간이라는 생각의 전환을 해냈다. 〈죠스〉라는 상어는 영화에서 단 한 번도 등장하지 않았지만 소리와 음악으로 두려움을 만들어내는 최고의 공포를 보여주었다.

　스필버그의 성공은 일반적인 생각을 뒤집었기에 가능했다. 어려서부터 나만의 길을 가라는 유대인의 교육이 새로운 영화 장르를 만들어냈다. 유대인 부모는 다들 그렇게 하니까 하는 생각으로 자녀를 키우지 않는다. '남들처럼'이라는 생각에 갇혀 자녀가 세상에 뒤처지지 않을까 걱정하지 않고 아이만의 개성이 무엇인지 알아내는 것을 중요하게 생각한다. 남을 따라서 사는 것은 자신의 삶이 아니기에 아이가 자기 삶의 주인이 되게 한다.

창의력은 훌륭한 기술이나 기법이 아니라 잠재력을 끌어내기 위한 과정이다. 창의력은 최고의 나를 만들어가는 것이다. 아이를 믿고 아이에게 동기부여를 해야 한다. 자신만의 길을 가기 위해서는 아이의 개성 존중이 필수다. 교육철학자 존 듀이는 학습자의 참여를 보장하면 아이의 개성이 드러날 수 있다고 했다. 무엇을 하든 아이와 의견을 나눠보자. 공부든 놀이든 아이가 주도적으로 참여하는 과정에서 아이의 성향이 드러난다.

대한민국의 모든 부모는 자녀가 공부를 잘하기를 바란다. 하지만 사람마다 생김새가 다르고 성격이 다르듯 잘하는 것도 다르다는 것을 인정해야 한다. 성실하게 학교를 잘 다니는 것은 중요하지만, 아이가 잘하고 좋아하는 것이 부모의 기대와 다를 수 있다. 무조건 반대하기보다는 인정하고 지지해주는 부모가 아이의 삶에 더 긍정적인 영향을 준다.

학교생활을 잘하는 학생들은 대부분 부모님이 자신을 존중해 준다고 말한다. 아이 자신도 학년이 올라가면서 객관적으로 자신을 보는 눈이 생긴다. 스스로 자기 삶을 결정하는 기회를 주며 기다려주는 유대인 부모의 지혜를 배울 필요가 있다.

유대인 부모는 개성을 가진 사람이 진정한 실력자라고 생각한다.

모두가 가지 않은 길을 선택하라고 강요하지도 않는다. 선택은 자녀의 몫이기에 오직 내가 원하는 삶, 나만이 할 수 있는 영역이 무엇인지 탐구하도록 한다. 남과 다른 나만의 길은 남이 가지 않은 길이 될 수도 있다. 하지만 모두가 가는 길을 남과 다른 방법으로 갈 수도 있다. 유대인 부모는 아이가 어떤 선택을 하더라도 괜찮다고 응원한다. 남의 시선에서 벗어나 나만의 길을 개척하기 위해서는 용기가 필요하다. 부모의 믿음과 사랑이 아이의 용기를 키운다. 네가 원하는 그 길이 너의 길이라고 응원해 주자.

아이와 이렇게 해보는 건 어때요?

▸ 부모의 기준이 아닌 아이의 눈높이에서 생각하며 아이와 이야기를 나누세요.

▸ 일상에서 벗어난 도전적인 일을 해도 큰일이 일어나지 않는다고 아이를 안심시켜 주세요.

▸ 아이가 조금 걱정스러운 일을 했다고 해서 혼내기보다는 왜 그런 마음을 먹었는지 이야기를 나누며 격려해주세요.

| 3 |
본질은 창의력을
여는 문

수만 년 동안 인간은 자신을 길러주는 부모가 사는 모습을 보며 성장했다. 부모의 생활 방식을 보고 들으면 인생의 지혜가 되었고, 그대로 따라서 살면 되었다. 교육은 자신의 조부모와 부모 세대의 모방이었지만 이제 그런 시대는 끝났다. 기성세대가 경험하지 못한 상황에 부닥치며 생각하지도 못했던 문제를 해결해야 한다.

오랫동안 정답이라 여겨졌던 것을 공부한다고 문제는 해결되지 않는다. 기존 문제를 맞히는 힘이 아니라 문제를 발견하고 적응하는 능력이 필요하다. 유대인 부모는 자녀에게 본질을 가르친다. 끊임없이 변하는 사회에서 본질을 탐구하는 능력은 언제 어디서나 응용할 수 있기 때문이다.

본질을 찾으면 새로워진다

일반적으로 사람들은 창의성이라고 하면 새로운 것이나 독창적인 것을 떠올린다. 새롭고 독창적인 것이 창의성의 특징이지만, 막연히 남과 다른 새로운 것을 생각해 내겠다는 각오가 창의성을 만들어내지는 않는다. 미래 역량으로 가장 강조되는 창의성이 교육의 문제로 접근하면 어려워지는 것도 이런 이유에서다. 창의성은 본질을 파고들면서 기존의 것을 재발명하는 것이다. 18세기 계몽주의를 대표하는 철학자 볼테르는 "독창성이란 단지 사려 깊은 모방일 뿐이다."라고 말했다. 새로움이나 독창성과 같은 편견에서 벗어나 창의성을 유연하게 바라볼 필요가 있다.

창의성은 지금까지 보지도 듣지도 못했던 것이나 우리가 생각하지 못했던 인식 너머에 있는 것도 아니다. 가까이에 있었지만 미처 보지 못했던 우리 안에 있다. 기존에 존재하고 있었지만, 나만의 시각을 담은 모방이 창의력으로 이어질 수 있다. 예를 들어 십자가에 매달린 예수의 모습을 그려보라고 하면 대부분 사람은 정면에서 보는 예수의 모습을 그릴 것이다. 20세기 가장 독창적인 화가라는 평을 받는 살바도르 달리는 위에서 내려다본 각도로 십자가에 매달린 예수를 그렸다. 예수의 얼굴이 보이지 않지만 아찔한 각도로 내려다보이는 예수의 고통이 고스란히 전해진다.

남과 다른 시각으로 세상을 바라보되 본질에 집중해야 창의성이 발현된다. 십자가에 매달린 예수의 본질을 정면에서 얼굴을 통해 보여줄 수도 있다. 하지만 달리는 고통과 절망만이 예수의 본질이 아니라는 생각을 했기 때문에 각도를 달리했다. 세상 사람들을 위해 기꺼이 십자가에 못 박힌 사랑과 헌신은 고통으로 일그러진 얼굴만으로 표현될 수 없다. 신이 내려다보는 예수의 모습이 본질에 더 가까이 다가갈 수 있다. 〈탈무드〉에는 '사람들이 세상을 정면으로 바라볼 때 우리는 입체적으로 바라본다.'라는 말이 있다. 유대인이 창의성이 뛰어난 이유는 입체적 사고에 있다.

창의력은 본질적인 생각을 하는 데서 시작한다. 레오나르도 다빈치, 미켈란젤로, 라파엘로와 같은 천재들이 대거 등장했던 때는 르네상스 시대다. 르네상스는 신 중심의 중세 사회가 무너지고 인간 중심의 근대 사회로 전환하는 계기가 되었던 문화운동이다. 르네상스 인문주의자들은 '아드 폰테스^Ad Fontes'를 주장했다. 이 구호는 근원 또는 기본으로 돌아가자는 뜻이다. 모나리자, 천지창조 등의 걸작이

나올 수 있었던 것은 예술의 본질에 집중했기에 가능했다. 새로운 것을 찾으려 하지 말고 본질적인 것을 찾으면 새로워진다.

기본을 먼저 가르친다

어려움에 부닥치면 우리는 기본으로 돌아가자는 말을 한다. 본질을 생각해 처음부터 다시 시작하자는 뜻이다. 하지만 본질에 집중해 다시 시작하고 변신을 꾀하는 과정은 고통스럽고 힘들다. 지금까지의 노력으로 내 손에 쥐어진 모든 것을 내려놓아야 할지도 모른다. 엄중한 결단과 시간과 노력이 필요하다.

원천에 닿기 위해서는 지금까지의 흐름을 거슬러 올라가야 한다. 바다에 살던 연어는 알을 낳기 위해 거친 물살을 거슬러 자신이 태어난 강으로 돌아간다. 교육은 가장 본질에 집중해야 하는 일이기에 유대인은 교육에 왕도가 없다는 생각으로 자녀를 가르친다.

유대인은 세상을 살다 어떤 문제에 맞닥뜨리면 겉으로 드러나는 면만을 보지 않는다. 그 안에 어떤 의미가 담겨있는지 본질을 탐구하려고 노력한다. 지성을 중시하는 유대인은 교육에 대해 놀라울 정도의 집념이 있다. 1917년 영국 외무장관 벨포어는 유대인의 민족국가 수립에 동의한다는 '벨포어 선언'을 했다. 이 선언이 발표되자

마자 유대인이 제일 먼저 한 일은 1차 대전의 폐허였던 예루살렘에 대학을 세운 일이다. 이스라엘이 건국되기 무려 30년 전이었다.

유대인은 대학이 있어야 인재를 기를 수 있고, 산업을 일으켜 국가를 세울 수 있다고 생각했다. 제네바 대학의 물리학 교수였던 와이즈만 박사는 히브리대학 개교를 주도했다. 정식 개교하기 전 연구기관일 때부터 아인슈타인과 프로이트 등의 유대인은 국가를 위한 후학 양성에 힘썼다. 히브리대학은 아인슈타인을 비롯해 8명의 노벨상 수상자를 배출하는 인재의 요람이 되었고 이후 와이즈만 연구소와 아인슈타인에 의해 테크니온 공대가 세워졌다. 세 대학 모두 이스라엘 건국 한참 전에 설립되었다. MIT과 비교되며 미국을 제외한 세계 최고 대학이라는 평을 받는 이 대학들은 유대인 교육의 핵심 기관이 되었다.

석·박사 과정을 운영하는 와이즈만 연구소는 놀랍게도 공학 전공 과정이 없어서 수학, 물리학, 생화학, 화학 등 순수과학에 전념한다. 이 연구소의 과학 인재들은 최소 2~30년 후를 내다보며 연구에 박차를 가하고 있다. 그들은 자신의 프로젝트 80%는 살아생전에 보지 못할 거라는 우스갯소리를 하며 미래의 신기술을 이끈다고 자부한다. 히브리대학의 기술지원센터인 이숨도 신기술을 창업으로 연결한다. 우리가 즐겨 먹는 방울토마토의 지식재산권도 이숨에 있는데, 이 기술로 연간 10억 달러를 벌어들인다. 순수학문의 위기를 말하는 우리와 달리 유대인은 기본에 대한 교육을 최고로 여긴다.

하나의 정답이 아닌
수많은 해답이 있다는 것을 알려준다

유대인 부모는 자녀가 상상력을 발휘해 스스로 탐색하는 과정을 강조한다. 상상력을 자극하는 것이 본질을 탐구하는 좋은 방법이기 때문이다. 미국 MIT 공대 로라 슐츠 교수는 미취학 아동을 대상으로 실험을 했다.

한 그룹에는 아이들에게 장난감을 나누어주며 장난감의 모든 기능을 설명해주었고 다른 그룹에는 장난감을 주면서 아무 설명을 하지 않았다. 실험 결과 장난감의 모든 기능에 대해 자세한 설명을 들은 아이들은 극히 일부분의 기능만 파악해냈다. 반면 설명 없이 장난감을 받아든 아이들은 이런저런 방법으로 장난감을 가지고 놀며 거의 모든 기능을 알아냈다.

아이들은 명확한 가르침을 받을수록 그 생각에 갇혀 더 이상을 상상하지 않으며 자세하게 설명할수록 자율성이 사라져 상상력이 제한된다. 아이들은 자세한 설명을 들었기 때문에 스스로 탐색하기를 중단한다. 그래서 슐츠 교수는 자세하게 설명하는 교육이 반드시 바람직한 것은 아니라고 말하며 하나의 정답만을 제시하기보다 수많은 해답이 있다는 것을 알려주기를 제안한다. 유대인의 〈탈무드〉 공부는 수많은 해답을 찾는 가장 효과적인 방법이다. 추상적인 표현과 상징적 문장으로 가득한 〈탈무드〉가 무슨 의미인지를 알아내는 과정은 단 하나의 정답만이 있을 수 없다. 유대인의 공부에서 상상력은 빠지지 않는다.

대부분 국가는 미국의 전투기를 구매하면 라이선스에 얽매여 그대로 사용하기만 한다. 하지만 이스라엘은 전투기를 사면 설명서를 자세히 읽는다. 사용법을 알아내기 위해서가 아니라 설명서에 없지만 가능한 것이 무엇인지 조사한다. 사막에서 수없이 많은 시험비행을 거친 후 채 1년이 되지 않아 200군데 이상을 개량해 발전시킨다. 기존 성능은 계약 때문에 제한을 받지만 새롭게 개량한 부분은 특허권이 이스라엘에 있다. 미국은 자국에서 만든 전투기지만 개량된 기능을 사용하기 위해서 도리어 이스라엘에 특허권 라이선스를 사야 한다.

우리는 자녀에게 많은 것을 가르쳐주고 싶어 한다. 하나라도 더 아는 것이 실력이고 남보다 앞서가는 방법이라 여긴다. 한국에서 조기교육이 성행하는 것도 남보다 먼저 알면 더 깊이 있게 공부할 거라는 기대 때문이다.

개정 교육과정으로 사고력을 향상하는 방식으로 교과서가 바뀌었지만, 여전히 교실에서 가장 많은 말을 하는 사람은 교사다. 정답 신화에서 벗어나야 아이들의 사고력이 눈을 뜨고 자기 생각을 말할 때 아이들은 재미와 호기심을 느낀다. 본질에 대한 탐구는 생각이 얽히고설켜야 가능하다.

창의력은 새로운 것이라기보다 본질적인 것이다. 미래 기술이 발달해 손가락 하나로 이루어지는 것이 많을수록 인간의 관심은 근본으로 향한다. 눈이 휘둥그레지는 애니메이션을 보고 게임을 하며 놀아도 아이들이 흠뻑 빠져들며 놀 때는 친구와 만나서 노는 순간이다. 인문학책이 지속해서 베스트셀러에 오르는 것도 본질에 대한 갈망 때문이다. 빌 게이츠는 매년 '생각 주간'을 갖는다. 핸드폰을 내려놓고 모든 것을 멈추는 시간이다. 아무도 없는 곳에서 자신 안을 들여다보는 시간을 통해 본질을 찾는다.

아이와 이렇게 해보는 건 어때요?

▸ 아이와 그림책을 보며 아이의 생각을 물어보는 시간을 많이 가져 보세요.

▸ 남보다 잘하기보다 남과 다르게 하는 것이 좋다는 이야기를 자주 해주세요.

▸ 예상하지 못한 아이의 행동에 대해 부정적으로 바라보기보다 긍정적인 반응을
보여주세요.

▸ 아이가 못하는 것과 잘하는 것이 보이면 잘하는 것에 집중해주세요. 모든 것을
잘하는 사람으로 키우려는 부모님의 마음이 아이의 창의력을 주눅 들게 해요.

| 4 |
세상에 당연한 것은
없다

모든 사람은 인간이라는 이유만으로 존엄한 존재로 소중하고 귀한 가치를 인정받아야 한다. 그러기 위해서는 자신이 가진 그대로의 특성을 인정해야 한다. 유대인 부모는 자녀가 타고난 재능을 찾으려 애쓰며 아이만의 재능을 발전시켜 남과 다른 차별성을 갖게 한다. 자기만의 차별화된 삶을 살 수 있는 사람이 리더가 되는 세상이다. 독창성은 누구도 갖지 못한 자기만의 능력이 된다.

혼자서 다른 편에 설 수 있어야 한다

독창성을 지닌 사람은 대세에 순응하지 않으며 체제를 유지하기보다 반항하는 사람이다. 변화와 발전에 관심이 많아서 창조적 파괴를 통해 더 나은 결과를 만들어낸다. 파괴가 일어나야 창조가 생기기 때문에 파괴와 창조는 동전의 앞뒷면과 같다. 파괴가 변화를 가져오고, 변화는 곧 창조로 이어지기 때문이다. 파괴를 두려워하지 않는 자가 창조도 할 수 있다.

유대인을 뜻하는 히브리는 '혼자서 다른 편에 선다'라는 뜻이다. 자녀에게 대세를 따르지 않고 혼자서 다른 편에 서고 남의 시선을 의식하지 않고 당당히 제 뜻을 펴는 사람이 되라 가르친다. 옳다고 생각하면 바로 행동에 옮길 수 있는 신념을 가진 아이가 크게 성장할 수 있다고 믿는다. 대세에 따르는 사람은 당장은 안정된 삶을 살수 있지만 리더가 되지 못하고 세상을 따르는 팔로워만 될 뿐이다. 유대인 중에는 각 분야의 리더가 많은데 독창적인 태도가 생활에 켜켜이 쌓였기 때문이다.

자신만의 독특함인 독창성은 창의성을 발휘하는 데 큰 역할을 한다. 독창성은 자기의 고유 능력과 재능에 의해 새로운 가치를 만들어내는 것을 말한다. 개성과 재능이 토대가 되기에 세상에 하나뿐이며 예술뿐 아니라 인간의 정신문화 창조 영역에 전반적으로 적용되어 최근에는 미래 사회의 핵심 역량으로 관심받고 있다. 유대인은 일상에서 자신만의 독창적인 의견을 말하도록 키워진다. 세상에 당연한 것은 없다는 것이 그들의 기본적 사고로 왜 그런지, 왜 그러면 안 되는지 자기만의 생각으로 근거를 만든다.

한국창의성학회를 설립한 서울대 박남규 교수는 한 언론을 통해 이스라엘 랍비 두 명을 서울대에 초청했던 일화를 소개했다. 20대 중반의 랍비는 대뜸 하얀 A4 용지 한 장을 들어 보이며 이 종이가 흰색이 아닌 빨간색, 파란색인지 입증할 수 있다고 했다. 그는 교실 안으로 들어오는 태양 광선은 색이 없어 보이나 사실 그 안에는 7가지 색깔이 있다고 말했다. 그러니 하얗게 보이는 종이도 알고 보면 빨간색일 수도, 파란색일 수도 있다는 주장을 펼쳤다. 누구나 아는 기초 과학 지식으로 자신만의 논리를 편 것이다.

베스트는 한 명, 유니크는 모두

유대인 부모는 공부라는 한 가지 기준으로만 자녀를 바라보지 않는다. 공부를 잘하지 못해도 남의 이야기를 잘 들어주는 아이가 있고, 사교성이 뛰어난 아이도 있다. 누구나 한 가지의 장점은 있다. 아이를 가장 잘 아는 사람은 부모이기 때문에 그 한 가지를 찾기 위해 노력해야 한다. 부모로부터 깊은 사랑과 신뢰를 받고 자란 아이는 좌절하지 않는다. 〈탈무드〉에는 '자녀를 가르치기 전에 눈에 감긴 수건부터 풀라.'라는 말이 있다. 눈에 감긴 수건 때문에 자녀의 개성과 잠재력을 보지 못하는 어리석은 부모가 되지 말라는 뜻이다.

유대인 부모가 자녀의 장점을 찾아 발전시키려는 것과 달리 한국 부모는 자녀의 약점에 집중한다. 교육부가 발표한 '2019 초·중·고 사교육비 조사' 결과에 의하면 우리나라 한 해 사교육비는 21조 원에 달했다. 초·중·고 학생 4명 중 3명이 사교육을 받는 것으로 나타났다. 사교육을 받는 이유로 '학교 보충 수업'이 가장 많았는데, 전체 이유의 절반에 해당했다. 부족한 점을 찾아 보완하고 싶은 마음에 학원을 보내고 개인교습을 시키는데 학년이 올라갈수록 약점이 더 많이 보이면서 사교육의 의존은 더 커진다.

우열을 가리면 소수의 승자와 다수의 실패자가 나온다. 우리는 경쟁 구조를 당연하게 받아들이고 남보다 더 노력해서 승자가 되라고 가르친다. 유대인 부모는 패자가 나오는 구조를 만들지 않으며 신이 자녀에게 내린 재능이 있다고 믿는다. 남과 다른 재능, 남에게는 없는 특기를 개발하면 누구나 승자가 될 수 있다. 베스트는 한 명뿐이지만 유니크는 모두가 될 수 있기 때문이다. 아이가 자신이 좋아하는 일을 하며 독특함을 키우면 세상에 유일무이한 인재로 우뚝 설 가능성이 커진다. 아이가 좋아하는 일을 존중하고 발전할 수 있도록 지지해주는 것이 중요하다.

유대인 캘빈 클라인은 뉴욕의 빈민가에서 태어났다. 그는 재봉사였던 할머니의 영향으로 어릴 때부터 옷에 관심이 많았다. 또래 남자아이들과 다르게 의상 스케치를 하며 누나의 인형 옷 만들기를 즐겼다. 5살 때부터 의상 디자이너가 되고 싶었던 그는 고등학생이 되어서도 여성 옷을 만드는 취미를 가지고 있었다.

당시 여성 옷에 관심이 많은 남학생은 유별난 존재로 여겨졌다. 하지만 캘빈 클라인의 부모는 아들을 걱정하는 대신 맨해튼의 디자인학교에 입학하도록 아낌없이 지원했다. 남과 다른 독특함을 격려한 부모 덕분에 캘빈 클라인은 세계적인 디자이너가 되었다.

독창성을 키우면 모두가 전문가가 될 수 있다

한국 사회는 남과 비교하며 자녀의 학습 의욕을 향상하려 한다. 경쟁이 더 높은 성취를 가져다준다고 생각하기 때문이다. 경쟁으로 인한 동기부여가 실력이나 성과를 높일 수 있을까? 이스라엘 하이파 대학의 마비사롬 토르 교수와 미시간대 스테판 가르시아 교수는 경쟁에 관한 연구를 했다. 경쟁자 수와 시험 성적과의 상관관계를 연구하기 위해 미국 대학 입학용 시험인 SAT 점수를 분석해 시험장의 수험생 수가 많을수록 시험 점수가 떨어진다는 결과를 발견했다. 단순히 수험생 수가 많아 주의력이 떨어질 수도 있으므로 다른 실험을 진행했다.

이 실험에서는 수험생이 독립된 공간에서 혼자 시험을 보게 했다. 그리고 각 수험생에게 시험 보기 전 경쟁 수험생의 수를 알려주었다. 수험생 절반에게는 경쟁자가 10명이라고 말해주고, 나머지 절반에게는 100명이라고 알려주었다. 시험은 주어진 간단한 문제를 가능한 한 짧은 시간에 푸는 것이었다. 실험 결과 경쟁자가 10명이라고 알려준 수험생의 문제 푸는 속도가 100명이라고 아는 학생들보다 빨랐다. 경쟁자가 많을수록 동기부여가 되는 것이 아니라 오히려 반대 효과가 나타났다. 특히 남과 비교를 많이 하는, 경쟁심이 많은 사람이면 반대 효과가 더 크게 나타났다.

'형제의 두뇌를 비교하면 양쪽을 다 죽이지만 개성을 비교하면 양쪽을 다 살릴 수 있다.'라는 유대인 격언이 있다. 자녀의 타고난 개성을 존중해 독창성을 강조하는 유대인의 교육관을 알 수 있다. 유대인 부모는 자녀끼리도 머리나 능력을 비교하지 않는다. 비교는 경쟁을 불러일으키고 경쟁은 자녀가 가진 재능을 오히려 위축시킨다. 대신 각자의 장점인 개성을 살리면 자녀의 잠재력을 발전시킬 수 있다. 자녀가 가진 독창성을 발전시키는 것이 모두가 행복하게 성공할 수 있는 길이다.

국제 외교사에 큰 획을 그은 미국 국무장관 헨리 키신저에게는 동생 워터 키신저가 있었다. 그는 "신문은 형만 쫓아다니지 말고 내 성공담을 싣는 게 좋을 텐데."라며 뛰어난 형에게 열등감을 느끼지 않았다. 알렌전기설비 회사의 사장인 그는 어려서부터 형과 대립 관계가 아니었다고 말한다. 각자의 개성을 존중하며 독창성을 키워준 유대인 부모의 현명함이 두 아들을 성공적으로 키웠다. 유대인은 전문가란 자기가 잘 할 수 있는 분야에서 최고가 되는 사람이라고 생각한다. 각자의 재능을 바탕으로 독창성을 키우면 모두가 전문가가 될 수 있다.

〈탈무드〉는 '모두가 한 방향으로만 향하면 세계는 기울어지고 말 것이다.'라고 가르친다. 독창적 인재가 많아지면 균형 잡힌 세계가 만들어질 것이다. 자기 분야에서 독보적 존재가 되는 길은 독창성을 기르는 것이다. 독창성을 개발하기 위해 유대인 부모는 아이가 관찰하는 습관을 갖도록 한다. 자세히 들여다보고 생각할 수 있는 여유를 만들어주면 아이만의 생각이 싹틀 수 있다. 공부가 아닌 다른 장점에 대해서도 칭찬과 격려를 아끼지 않는다. 프레임 안에 갇히기보다 프레임 너머를 볼 수 있는 사람이 창의적이다. 어떤 방법으로 생각의 틀을 벗어날지가 아이만의 독창성이다. Be Unique!

아이와 이렇게 해보는 건 어때요?

▸ 아이의 사소한 행동에도 남과 다른 특별한 면이 보이면 놓치지 말고 칭찬해 주세요.

▸ 아이가 경험한 일들에 대해 오감을 통해 설명할 수 있도록 질문해 보세요.
"오늘 본 바다를 맛으로 표현하면 어떤 맛이야?" "어린이집에서 친구와 놀았던 기분을 색깔로 표현하는 무슨 색이야?"

▸ 아이와 세상의 많은 것들에 대해 "왜"라는 질문을 던져보세요.
높은 성당을 보면 "왜 성당을 높게 지었을까?" 김치를 먹게 되면 "왜 빨간색 김치는 많은데, 보라색, 노란색 김치는 없을까?"

| 5 |
여행은 새로운 눈을
얻는 일

유대인이 시간보다 공간 능력이 뛰어나다는 평가를 받는 것은 역사적 경험에서 유래한다. 유랑하는 삶은 유대인에게는 일상이었고 세계화 시대에 유대인이 그 어떤 민족보다 놀라운 성과를 이루어내는 것은 공간 능력 때문이다. 공간 능력을 키우는 데는 여행이 최고의 교육법이다.

유대인은 낯선 공간에 적응하며 새로운 사람들을 만나는 여행으로 창의력을 키운다. 미국의 유명 철학자 조지 산타야는 "오로지 학교에서만 교육받은 아이는 교육을 받지 않은 것이나 마찬가지다."라고 말했다. 유대인은 책이 가르쳐주지 않는 것을 여행에서 배울 수 있다고 믿는다. 미래 인재는 가르쳐주지 않는 것을 배울 수 있는 사람이다.

여행은 새로운 눈을 갖게 한다

유대인은 나라 없이 2천 년이 넘는 긴 시간 동안 떠도는 삶을 살았다. 정착하는 삶보다 여행 가방을 들고 낯선 땅에 발을 들이는 일에 그 누구보다 익숙하며 삶의 뿌리가 되는 핵심은 지키되 변한 환경에 빠르게 적응하는 능력이 탁월하다. 낯선 것을 거부하기보다 흥미롭게 받아들인다. 그 과정에서 기존의 알고 있던 것과 연결해 세상에 없던 것을 만들어냈다. 여행을 통해 창의성을 기를 수 있다는 것을 알기에 유월절, 여름휴가 등을 이용해 일 년에 두 번 이상은 해외여행을 간다.

유대인은 다른 어떤 일보다 여행을 하는 데 쓰는 돈을 가치 있다고 여긴다. 물건과 같은 물질적 풍요를 가져오는 데 쓴 돈은 결국 사라지고 말기 때문이다. 하지만 여행은 정신적 풍요와 지혜를 경험하게 하는 마르지 않는 샘과 같다고 여긴다. 유대인이 경험을 사는 데 돈을 아끼지 않기에 아이들은 창의성과 같은 지적, 정신적 영역에서 세계적 인재로 성장할 수 있게 된다. 현대소설의 창시자라 일컬어지는 유대인 소설가 마르셀 푸르스트는 "진정한 여행은 새로운 풍경을 보는 것이 아니라 새로운 눈을 가지는 데 있다."라고 말했다.

인간은 누구나 익숙한 것에 편안함을 느끼는데 여행은 반대로 익숙하지 않은 것투성이다. 불편한 순간의 연속이지만 유대인 부모는 자녀와 여행을 떠난다. 자녀가 나와 다른 것을 받아들이고 그들도 나와 비슷한 사람이라는 것을 느끼게 하기 위해서다. 이런 경험이 아이를 더욱 창의적으로 만든다고 믿는다.

이스라엘 텔아비브 대학의 연구에서 각각의 인종이 다른 무언가를 갖고 있다고 생각하는 사람은 그렇지 않은 사람들보다 창의력 점수가 낮다는 결과가 나왔다. 나와 다른 사람에 대한 편견을 가질수록 창의적이지 못하다는 것이다. 여행은 실제로 보고 겪는 과정을 통해 편견이나 선입견을 깰 수 있다. 창의성의 토대를 마련한다.

낯선 곳에서의 경험은 창의력을 기르는 데 도움이 된다. 어니스트 헤밍웨이, 마크 트웨인 등의 작가는 낯선 장소에서 얻은 경험으로 걸작을 썼다. 예술가들이 창의적 작업을 위해 일부러 삶의 터전을 옮기는 경우도 많다. 익숙한 환경에서 매일 비슷한 일을 반복하면 활성화되는 뇌만 계속 쓰게 되는데 낯선 언어, 처음 보는 사람들, 특이한 음식, 새로운 공기를 접하면 평소에 잘 쓰지 않던 뇌 영역을 자극하게 된다. 새롭게 활성화된 뇌는 창의력을 높여준다. 피츠버그 대 세균학 교수였던 유대인 조아스 솔크는 백신 개발에서 200번도 넘는 실패를 했다. 그러다가 이탈리아 여행으로 영감을 얻어 실패를 극복하고 소아마비 백신을 개발했다.

삶을 풍요롭게 만드는 여행

유대인의 창의성이 다른 민족보다 우수한 이유는 여행이 한몫한 다. 여행을 인생의 축소판이라고 생각해서 여행을 많이 할수록 삶의 지혜가 쌓인다고 여긴다. 좋은 숙소에서 잠을 자고 맛있는 것을 먹 고 멋진 것을 보는 것도 중요하지만, 유대인은 이런 좋은 것만을 얻 으려 여행하지 않는다. 먹고 자는 것을 일상과 다르게 하기보다 보 고 듣고 생각하는 것을 차별화하려 애쓴다.

여행은 우리의 삶을 풍요롭게 만들어준다. 당장 먹고사는 문제 가 중요하다는 말도 일리 있지만, 인간은 빵만으로는 살아갈 수 없 는 정신적 존재이기도 하다. 빵과 장미 모두가 인간에게는 필요하 다. 여행을 통해 풍요로운 정신을 갖게 되면 '나는 왜 사는가?'라는 질문을 던질 수 있는 사람이 된다. 삶의 문제점을 발견하고 이를 제 거하기 위해 노력하는 것이 일상의 삶이었다면, 여행은 부족한 것을 발견하는 시간을 갖게 한다. 그 경험을 채우는 삶을 일상에서 이어나가면 된다.

컬럼비아대 칼린스키 교수는 다른 나라, 다른 문화권에서 얻은 경험이 인지적 유연성을 길러준다고 말한다. 인지적 유연성은 이질적인 것을 연결하고 받아들이는 능력이다. 그는 패션업계 종사 임원 270명을 대상으로 다른 문화 경험과 창의성을 분석했다.

연구 결과 외국 경험이 많은 임원이 이끄는 브랜드가 독창적이고 창의적이었다. 특이한 점은 너무 많은 나라를 경험한 경우는 오히려 독창성이 감소했다. 한 장소에 어느 정도 머물러야 그곳의 문화를 익히고 새로운 사고를 할 수 있다. 너무 자주 이동하면 그럴 기회를 얻지 못한다고 칼린스키 교수는 말한다. 수박 겉핥기식 여행은 창의성을 기르는 데 그다지 도움이 되지 못한다는 말이다.

여행을 통해 인생을 배운다

유대인 아이들은 걷지 못하는 갓난아기일 때부터 부모님 품에 안겨 다른 나라를 여행한다. 유치원이나 학교에서 진행하는 여행은 중요한 교육과정으로 방학에는 국내에서든 이스라엘 모국으로든 캠프를 떠난다. 캠핑하며 텐트를 치고 친구들과 식사를 준비하고 갑자기 소나기가 쏟아지거나 텐트 장비가 고장나는 등의 문제가 생기면 친구들과 해결한다. 유적지 탐방 등을 가서 역사적 사고력을 기르기도 한다. 이스라엘 청년들은 남녀 모두 국방의 의무가 있는데, 군 복무를 마치면 대부분 6개월에서 1년 정도의 해외여행을 한다. 혼자서 비행기표를 사고, 어디를 어떻게 갈지 고민한다.

여행 비용은 부모님이 대주지 않아 스스로 비용을 마련한다. 자기가 힘들게 번 돈으로 여행을 하므로 돈의 소중함을 알고 의미 있게 여행할 수 있다. 사회에 발을 내딛기 전 삶의 풍파를 미리 경험하는 워밍업을 위한 여행지로는 인도가 특히 인기가 많다. 인도가 여행의 필수코스처럼 여겨지는 이유는 '인도의 다양성' 때문이다. 다양한 종교와 문화유산, 여러 계층 사람들이 사는 모습, 그리고 전세계에서 몰려드는 여행자들이 있어 인도는 인생을 워밍업하기에 최적의 여행지다. 불편하고 낯설더라도 다양한 세상을 경험하려 그들은 커다란 배낭을 메고 씩씩하게 인도로 떠난다.

여행은 다양한 문화적 배경을 가진 사람들을 만날 수 있는 장이 된다. 언어가 통하지 않는 사람, 생각이 다른 사람과도 배려하며 섞일 수 있어야 한다. 유대인 부모가 자녀에게 여행을 권하는 이유도 사람들과 어울릴 줄 아는 사람이 되라는 의미에서다. 하버드대 성인 발달 연구팀은 1938년부터 80년 동안 '무엇이 인간을 행복하게 하는가?'라는 주제의 연구를 진행했다. 다양한 계층의 724명의 소년을 선발해 2년마다 인터뷰를 시행했다. 2015년 로버트 월딩어 교수가 연구 결과를 발표했는데, 결론은 '인간관계'였다. 행복은 성공, 돈, 명예, 성취감이 아닌 가족, 친구 등과의 인간관계로 만들어진다. 여행을 통해 인간관계를 배울 수 있다.

여행 중에는 예상하지 못한 문제도 생기는데 여행을 인생과 같다고 하는 이유다. 유대인 부모는 아이가 스스로 문제를 해결하도록 기다려주며 아이 스스로 문제를 해결하는 경험이 아이를 성장시킨다고 믿는다. 또 여행은 또한 고난을 대하는 삶의 태도를 기를 수 있다. 고난에 대해 힘겨워하며 남은 시간을 흘려보낼지 어차피 생긴 일이라 여기며 지혜롭게 마주할지 결정해야 한다. 그리고 문제가 발생하지 않도록 예측하고 대비하려는 자세도 생긴다.

여행은 특히 낯선 풍광을 경험하는 것인데, 시각적 경험은 창의력 발달에 큰 도움이 된다. 언어에 의한 사고는 논리성을 발달시키지만, 이미지로 사고하는 사람은 순식간에 생각을 만들어낸다. 직관력이 발달해 창의성 향상에 도움이 된다. 독일의 대문호 괴테는 "영리한 사람은 여행 중에 최고의 교훈을 얻는다."라고 하였다. 우리는 학교에서 많은 지식을 배우지만, 여행을 통해 살아있는 지식을 배울 수 있다. 직접 보고 듣는 것을 통해 스스로 배우는 사람이 되어 아무도 가르쳐 주지 않아도 배우는 능력을 얻게 된다. 끊임없이 배울 수 있는 사람이 미래를 이끈다.

여행은 낯선 곳에서 나를 발견하는 시간이다. 주변의 시선이나 나의 위치가 주는 부담감에서 벗어나 본연의 내 모습으로 살 수 있으며 순수하게 내가 원하는 것이 무엇인지를 살펴볼 수 있다. 의무감이 아닌 솔직한 나를 만나게 되는 일은 최고의 여행이자 진정한 자아실현의 순간이다. "가장 위대한 여행은 지구를 열 바퀴 도는 여행이 아니라 단 한 차례라도 자기 자신을 돌아보는 여행이다." 간디의 말이다. 어디 어디를 가 보았다는 경험보다 나를 만났다는 것이 가장 좋은 여행이다.

아이와 이렇게 해보는 건 어때요?

▸ 식당에서 아이가 주문하거나 현지 사람들에게 길을 물어 장소를 찾아가는 등 작은 성취를 경험하게 하세요.

▸ 여행지에서 아이가 가고 싶은 곳이나 먹고 싶은 음식을 찾아보게 하며 주체적으로 여행을 할 수 있도록 하세요.

▸ 세상을 살아가는 데 영어가 필요하다는 것을 느낄 수 있도록 아이가 간단한 영어로 여행자들과 이야기를 나눌 기회를 만들어주세요.

▸ 현지인들이 운영하는 숙소나 음식점 이용, 재래시장 방문 등으로 아이가 그 지역의 문화적 특성에 흥미를 느끼고 다양성을 이해하도록 하세요.

6

생각의 틀을 깨고
새로운 세상을 만나다

유대인은 신에 대한 믿음을 상상력으로 채웠고 대대로 내려오는 유대인의 역사인 구약성서는 상징과 비유로 가득 차 있다. 고대 유대인의 상상력은 전 인류를 매료시켰다. 현대의 유대인은 수많은 성공 신화로 우리 삶을 바꾸고 있다.

누구도 생각하지 못한 발상은 생각의 틀을 벗어나야만 가능하다. 설국열차 안이 세상 전부라 생각하며 모두가 그 안에서 문제를 해결하려 애쓸 때 유대인은 열차를 뛰어내리라 말한다. 생각의 틀을 박차고 나설 때 새로운 세상이 열린다.

또 다른 지구는 없는지 생각한다

독일로부터 추방당한 한 유대인 가족이 독일 국경에서 출입국 관리관과 마주하게 되었다.

유대인 가족 아버지는 관리관에게 물었다.

"우리는 어디로 가면 좋을까요?"

그러자 관리관은 옆에 있던 지구본을 들어서 이리저리 돌리며 말했다.

"이 나라는 유대인 이민을 금지하니 안 되고, 저 나라도 안 되고, 또 여기는….."

출입국 관리는 유대인 입국을 막는 나라를 여기저기 손으로 가리키며 말했다. 그러자 그 광경을 보던 유대인 아이가 이렇게 말했다.

"아저씨 이거 말고 다른 지구는 없나요?"

유대인은 생각의 틀을 자유롭게 넘나들며 생각한다. 설령 내가 발 딛고 서 있는 지구라 할지라도 해결책이 보이지 않으면 다른 지구는 없나 생각해 볼 수 있는 사람들이 유대인이다. 자물쇠를 열려면 어떻게 해야 할까? 유대인은 자물쇠를 열 때 항상 열쇠를 사용하지 않는다고 말한다. 열쇠로 자물쇠를 여는 것은 누구나 할 수 있다. 유대인 부모는 누군가가 정해놓은 방법으로만 문제를 해결하지 말라고 가르친다. 정해진 방법으로 즉시 문제를 해결하는 것보다 자기만의 방법으로 해결하기 위해 노력하는 사람이 낫다고 여긴다.

유대인이 창의적인 이유는 문제를 해결하는 과정을 중시하기 때문이다. 설령 문제 해결에 직접적인 도움이 되지 않더라도 그 과정에서 새로운 것을 찾아내면 기뻐하며 받아들인다. 세상에 해결해야 할 문제는 많다. 이 문제를 해결하지 못해도 다른 문제를 풀 기회가 생겼다고 여긴다. 긍정적인 태도로 문제를 바라보기 때문에 문제는 해결해야 할 골칫덩어리가 아니라 도전해야 할 과제다. 나를 한 단계 성장시킬 수 있는 과제이기 때문에 해결하기 위해 노력하는 과정을 즐길 수 있다.

0에서 1을 만들어내는 능력

유대인은 '안전하고 검증된' 방법을 단호히 거부하고 끊임없이 새로운 방법을 추구한다. 유대인 부모는 자녀에게 성실함을 강조하지만 유연하게 생각하는 것도 중요하다고 말한다. 지속적인 노력으로 성과를 내기 위해서는 성실함이 필요하다. 첫 번째 방법이 실패하면 두 번째 방법으로, 그것도 실패하면 세 번째 방법으로 도전한다.

성실하게 파고드는 사람이 무언가를 이룰 수 있다. 더불어 다른 방법을 생각해 내기 위해서는 유연한 사고가 필수다. 사고의 유연함이 없다면 다른 방법을 떠올릴 수 없기 때문이다. 정공법으로 최선을 다하되 안되면 역발상으로 법칙과 상식을 벗어난다.

자본주의 사회에서 상품은 재화와 서비스를 말하는데 공기, 햇빛 같은 것은 희소성이 없어 상품이 될 수 없다. 그러나 유대계 상인 로크는 이런 일반적인 상식을 뛰어넘는 사람이었다. 회사 일로 바쁘게 지내던 로크는 일본 후지산으로 여행을 갔고 후지산 중턱에 올라 상쾌한 공기를 마시며 기분이 좋아지는 것을 느꼈다. 이때 그는 후지산 공기를 팔면 어떨까 하는 생각을 했고 '후지산 공기 캔'에 대한 소비자 분석을 철저히 한 후 제품을 출시했다. '후지산 공기 캔'은 출시되자마자 소비자들의 큰 사랑을 받으며 팔려나갔다.

후지산의 공기를 판다는 생각은 확산적 사고의 예시라고 할 수 있다. 확산적 사고란 하나의 문제를 해결하기 위해 광범위하게 정보를 탐색해 다양한 해결책을 도출하는 사고방식으로 창의성을 키우는 토대가 된다.

이와 반대되는 것이 수렴적 사고다. 수렴적 사고는 문제 해결을 위해 이미 알고 있던 지식 안에서 적합한 해결책을 만들어내는 사고방식이다. 우리의 학교 시험은 수렴적 사고를 발달시키는 방식으로 많이 알고 있을수록 시험을 잘 볼 수 있다. 하지만 유대인 부모는 확산적 사고를 강조한다. 다양한 해결 방법을 찾도록 가르치며, 새로운 해결 방법일수록 더 가치 있게 여긴다.

이스라엘은 다양한 인종이 공존하며 이질적인 인종과 종교, 문화와 언어가 뒤섞여 있다. 이스라엘 어린이들은 어려서부터 다양성을 경험하며 자라기 때문에 생각이 유연하고 서로 다른 이질적인 것을 융합하는 능력도 뛰어나다. 한 가지 기준으로 문제를 해결할 수 없기에 확산적 사고를 발휘해야 한다. 두세 가지 언어를 자유롭게 할 줄 아는 것도 확산적 사고에 이바지한다. 〈탈무드〉에는 '0에서 1까지의 거리가 1에서 100까지의 거리보다 길다.'는 말이 있다. 확산적 사고는 경험이나 학습한 것에서 벗어나야 한다. 아무것도 없는 것에서 1이라는 무언가를 만들어내는 것은 실로 대단한 일이다.

일상생활에서 창의력이 길러진다

유대 사회에는 "마 하닷슈?"라는 인사말이 있다. 당신은 어떠한 새로운 일을 했는가? 어떤 새로운 생각을 가졌는가? 최근 새로운 일은 무엇인가라는 의미의 인사말이다. 창의력을 깨우치도록 서로 자극하고 격려하는 유대인 사회의 문화를 엿볼 수 있다. 창의성은 타고난 것으로 훈련으로는 길러지지 않는다고 여기는 경향이 있다. 하지만 창의성은 IQ나 유전적 영향보다 부모의 양육방식이나 환경의 영향을 더 많이 받는다. 유대인 부모는 일상에서 자녀의 창의성을 높이기 위해 노력한다.

유대인 부모는 평소 자녀와 많은 이야기를 나누는데, 특히 불편한 일이 생기면 이 문제를 자녀와 더 깊게 생각해 본다. 불편은 발전의 원동력이기 때문이다. 대부분의 사람들은 불편한 문제가 생겨도 그것이 일상화되면 당연하게 여긴다.

하지만 유대인 부모는 그런 문제에 대해 민감하게 생각하도록 한다. 작은 불편을 민감하게 받아들이는 사람이 변화를 만들어낸다. 창의적인 사람일수록 민감성이 크다. 상황이나 사물을 자세히 관찰하는 교육이 필요하다. 세밀하고 구체적으로 문제를 바라볼 줄 아는 사람일수록 창의성도 크다. 유대인이 별것도 아닌 주제로 쉬지 않고 이야기를 나눌 수 있는 것도 정교하고 유창하게 세상을 바라보기 때문이다.

카이스트 정재승 교수는 저서 《열두 발자국》에서 창의성 훈련에 관한 일화를 소개했다. 카이스트 학생들이 참여한 창의성 워크숍에서 이야기 만들기라는 과제를 내었다. '40대 여자가 비싼 가방을 들고 거리를 걷던 중 한 십 대 소년이 가방을 낚아채 달아났다. 이들에게 3시간 전에 무슨 일이 있었을까?'라는 이야깃거리가 과제였다. 한 그룹 학생들은 강의실에 그대로 앉아 과제를 하게 했다. 다른 그룹 학생들은 교수 연구실로 데려와 아무 책이나 두 권을 골라, 아무 페이지나 펴서 각각 한 문장씩 두 문장을 골라 과제를 하게 했다. 이야기에 이 두 문장이 반드시 들어가게 하는 방법이었다.

결과는 어떠했을까? 강의실에 있던 그룹에서는 그럴듯하지만 다소 뻔한 이야기가 만들어졌다. 반면 연구실에서 문장을 골라 이야기를 만든 그룹에서는 흥미로운 이야기가 만들어졌다. 전혀 상관없는 두 문장 사이의 이야기를 만들어내는 것은 이야기만의 문제가 아니다. 기존의 이야기 만들기 영역의 뇌가 작동하지 않는다. 새로운 영역의 뇌가 활성화하며 이상하지만 기발한 이야기가 나온다.

스티브 잡스는 "만약 당신이 창의적인 사람들에게 어떻게 그런 일을 해냈느냐 하고 묻는다면 그 사람들은 약간의 죄책감을 느낄 것이다. 왜냐면 그들이 실제로 한 것이 아니라 무엇을 봤기 때문이다."라고 말한다. 창의성은 연결을 통해 새롭게 해석하는 능력이다.

유대인의 창의성 교육은 특별한 교육이 아니다. 유대인 부모는 일상생활에서 창의성을 기르는 환경을 만든다. 민감하게 문제를 알아채고 자세히 분석하며 자녀와 즐겁게 문제에 관한 대화를 나눈다. 일상에서 대충 넘어가지 않는 습관이 창의력의 원동력이다. 유대인의 창의력 교육에는 미국의 저명한 심리학자 조이 길포드가 제시한 창의력 요소인 민감성, 독창성, 유창성, 융통성, 정교성이 모두 숨어 있다. 문제에 대해 민감해지고 관심을 두는 것은 그것이 남의 문제가 아니라고 여기기 때문이다. 세상이 나로부터 시작된다는 생각, 내가 무언가를 할 수 있다는 생각이 중요하다. 아이와 주변의 아주 작은 일부터 바꾸어 나가보자. 세계는 나로부터 시작한다.

아이와 이렇게 해보는 건 어때요?

▶ 책이나 만화 영화 등을 보고 "네가 작가라면 어떤 결말을 만들고 싶어?"와 같은 질문을 해보세요.

▶ 일상적인 일에서 '반대로 생각하기 놀이'로 아이가 틀 밖에서 생각하는 기회를 만들어주세요.

▶ 세상의 일을 아이와 우리 가족의 문제로 가져와서 대화를 나누어 보세요. 우리 모두의 문제라는 연대 의식을 가질 수 있어요.

| 7 |
실패를 두려워하지 않는
용기

유대인은 현실적인 사고방식을 가진 사람들로 유명하다. 인생이 생각처럼 되지 않는다는 것을 잘 알기 때문에 현실을 있는 그대로 받아들인다. 문제에 부닥치면 회피하지 않고 더 나은 방향을 찾기 위해 노력한다. 노력하는 사람은 막연한 불안감에 사로잡히지 않기 때문에 여유가 있다. 냉철한 판단력이 생겨 문제를 해결할 가능성도 커진다. 유대인 부모는 도전하는 사람만이 실패를 맛볼 수 있다고 가르친다. 실패를 겪지 않은 사람은 인생을 모르는 사람이라 생각한다. 실패를 통해 발전할 수 있고, 겸손해질 수 있기 때문이다.

실패가 아니라 불가능의 방법을 알게 된 것

유대인 부모는 자녀에게 삶의 두 가지 신념을 가르친다. 실패를 두려워하지 않을 것과 실패를 잊지 않도록 하는 것이다. 상하이 주재 이스라엘 총영사였던 아미캄 레비는 한 언론과의 인터뷰를 통해 이렇게 말했다. "실패는 두려운 것이 아닙니다. 실패를 인정하는 것이 바로 성공의 출발선입니다. 세상에는 성공한 사람의 이야기보다 실패한 사람의 이야기가 훨씬 많습니다. 실패한 사람의 이야기를 통해 많은 것을 배워야 합니다. … 중요한 것은 같은 실수를 반복하지 않는 겁니다. 같은 실수를 반복하지 않기 위해서는 생각할 시간을 많이 가져야 합니다." 이스라엘이 창업 국가로 이름을 떨치는 것도 실패에 대한 철학 덕분이다.

유대인은 남이 나를 어떻게 생각하는지에 신경 쓰기보다 자신에게 어떤 사람이 될 것인가에 더 집중한다. 유대인이 실패를 두려워하지 않는 이유다. 실패 속에서도 배울 점이 있다고 여기기에 실패는 체면을 구기는 일이 아니라 칭찬받을 일이다. 도전해본 사람만이 리스크가 무엇인지 확인할 수 있다.

이성적 관점에서 실패의 원인을 분석하고 돌발 변수의 가능성에 대비할수록 성공에 가까이 다가갈 수 있다. 실패가 성공으로 이끌어준다고 생각하기에 실패를 통해 배울 수 있다고 생각한다.

유대인은 수천 년 운명에 저항하며 많은 실패와 시련을 겪었고 실패를 인생의 친구라 여겨 배척하지 않는 문화를 만들었다. 발명왕 에디슨은 "천재는 1%의 영감과 99%의 노력으로 이루어진다."라는 유명한 명언을 남겼다. 99%의 노력에는 수많은 실패가 녹아있다. 그는 전구의 발명으로 어둠을 물리치고 인류의 활동 시간을 획기적으로 넓혔다. 그는 발명이 성공하기까지 약 2,000번의 실패를 겪었다고 한다. 에디슨은 2,000번을 실패했다 생각하지 않았고 전구의 불이 들어오지 않는 2,000가지 방법을 알게 되었다고 밝혔다. 그에게 실패는 성공의 방법을 발견하기 위한 전 단계였다.

세상에 필요 없는 실패는 없다고 생각하는 사람들이 유대인이다. 모든 실패는 삶의 지혜를 가르쳐준다고 생각한다. 〈포춘〉지가 '20세기 최고의 경영자'로 선정한 미국 제너럴일렉트릭의 회장이었던 잭 웰치는 실패는 성공으로 가는 가장 빠른 지름길이라고 말했다. 유대인은 남들이 꺼리는 리스크에 성공의 기회가 숨어 있다고 말한다. 리스크가 클수록 성공의 기회가 커지지만 유대인은 리스크의 크기에 집중하지 않는다. 리스크를 충분히 통제하고 대응할 수 있는 능력을 키우는 것이 더 중요하다고 가르친다.

모두가 실패한다

유대인 부모는 자녀가 어릴 때부터 실패를 두려워하지 말라고 가르치며 실패의 리스크를 감당할 수 있는 마음 근육을 기르는 데 집중한다. 실패를 담담히 받아들일 수 있는 사람이 실패를 통해 더 나은 방향을 모색할 수 있다. 필연적으로 발생할 수도 있는 실패 자체를 두려워하는 사람은 아무것도 하지 못한다. 실패는 나약함이라는 인간의 근본적 특성을 날카롭게 갈아주는 숫돌과 같다. 실패할 수도 있다는 여유를 갖는 것이 중요하다. 마음의 여유가 있어야 리스크 수용력도 기를 수 있다.

실패 없이는 혁신도 없다. 세상에 없던 것을 만들어내는 과정은 실패를 동반하는데 우리 인생의 대부분은 무언가를 이루어가는 과정이다. 결과를 맞이하는 시간은 아주 짧은 순간에 불과하다. 좋은 결과든 나쁜 결과든 결과가 나온 이후에도 삶은 계속된다. 과정을 즐길 줄 알아야 아이의 인생 자체가 즐거워진다. 실패했어도 과정에 최선을 다했으면 후회나 회한을 남기지 않을 수 있다.

유대인 부모들은 자녀가 무언가에 실패하면 "마잘 톱!"이라고 말한다. "축하해"라는 의미인데, 손뼉까지 쳐주며 실패를 축하한다. 실패한 아이가 의기소침해지기 전에 부모는 즐거운 기운을 아이에게 전해준다. 실패해도 괜찮다는 부모의 따뜻한 배려와 격려가 아이에게 녹아든다.

어릴 때부터 실패해도 지지받으며 다시 도전해도 괜찮다는 부모의 응원을 받는다. 이런 가정환경에서 자란 유대인 아이들은 생각이 떠오르면 바로 시도해본다. 실패하면 '이 방법은 안 되는구나.' 하고 신나는 두 번째 도전을 위한 다른 방법을 찾는다. 실패는 성공했을 때의 희열을 높여주기에 아이들은 더욱 설레는 마음으로 새로운 도전을 한다.

날개 없는 선풍기, 먼지봉투 없는 청소기를 개발한 제임스 다이슨은 영국의 스티브 잡스로 불린다. 그는 "선풍기가 꼭 날개를 써야 하나?"라는 생각으로 127년이나 이어온 날개 방식의 선풍기 틀을 깨고 날개 없는 선풍기를 만들었다. 진공청소기에서 먼지봉투를 없애기 위해 5,126번의 실패를 경험한 다이슨은 5,127번째 도전에서 성공했다. 그는 직원들에게 "실수하게 되면 일을 빨리 배운다."라며 오히려 실패를 장려한다. "엔지니어나 과학자의 삶에 실패는 늘 따라다닙니다. 성공이 오히려 드물죠. 우리가 기억해야 할 건 나뿐만 아니라 모두가 실패하고 있다는 사실입니다."

실패는 도전의 다른 이름

창의적인 아이로 기르기 위해 가장 필요한 것이 자유다. 유대인이 4차 산업사회를 선도하는 IT 기업에서 강한 이유가 실수할 수 있는 자유를 누렸기 때문이다. 유대인 부모가 자녀의 실패를 보고 "축하해"라고 말하는 것은 실패 자체를 축하한다는 의미는 아니다. 삶의 지혜를 배울 수 있는 경험을 했다는 것을 축하하는 것이다. 실수할 수 있는 자유는 바꿔말하면 무엇을 해도 괜찮다는 것과 같다. 가능성을 무한대로 열어주는 유대인 부모에게 자란 아이들은 자유로운 생각이 발전해 창의적 인재가 된다.

하타무라 요타로 도쿄대 명예교수는 '실패학'의 창시자다. 젊은 시절 그는 '창조학'에 관심이 있어서 기계 창조를 가르쳤다. 그는 수업 중 특이한 점을 발견했다. 학생들이 남의 성공사례에 대해서는 지루해한 반면, 실패한 사례에 대해서는 눈을 반짝이면 관심을 가졌다. 그는 실패학이란 '성공하지 못한 방법인 실패를 배움으로써 실패의 경험을 살리는 것'이라고 말한다.

성공하기 위해 무언가를 배우는데 모두가 집중하고 있지만, 사실 실패를 공부하면 더 많은 것을 배울 수 있다는 것이다. 실패를 연구함으로써 집단 지성을 발휘해 실패의 경험을 공유하면 더 나은 발전을 이룰 수 있다고 강조한다.

성공이냐, 실패냐 이분법적인 태도는 산업화 시대의 사고방식이다. 국제적으로도 실패의 경험을 공유하고, 실패라는 개념 자체를 없애자는 분위기가 만들어지고 있다. 학계에서는 실패한 연구만을 게재하는 학술지도 나왔다. '펙업 나이츠Fuck-up Night'라는 실패 공유 네트워킹 운동도 있다. '펙업'은 '엉망 되게 함'이라는 의미로 실패를 경험한 사람들이 그 경험을 나누는 실패담 강연이다. 더 나아가 '실패 연구소'와 '펙업 북'이라는 책도 냈다. 한국과학기술원KAIST의 총장으로 취임한 이광형 교수는 공약으로 '실패 연구소'를 제시했다. 실패를 '교훈을 주는 성공'으로 재해석한다는 의미다.

구글의 8대 혁신 원칙 중 하나가 '실패를 주저하지 말라.'다. 실패가 두려워 안전한 길만 걷는 사람은 미래 인재가 될 수 없다. 페이스북 창업자 마크 저커버그는 "세상은 빠르게 바뀌고 있는 만큼, 확실하게 실패하는 유일한 방법은, 위험을 무릅쓰지 않는 것이다."라고 말했다. 실패가 두려워 아무것도 못 하는 사람이 가장 큰 실패자다.

티베트 속담에 '일곱 번 실패했다면 일곱 번 도전한 것이다.'라는 말이 있다. 실패는 도전하는 자만이 누릴 수 있고 도전해야만 성공의 달콤함도 누릴 수 있다. 아이의 실패를 격려하고 지지해주자.

유대인은 '지혜보다 행동이 넘치는 사람에게 지혜는 계속된다.'라고 가르친다. 도전하는 행동을 하는 사람이 그만큼 많이 배울 수 있으므로 현명하고 창의적인 사람이 된다. 히브리어로 지식을 뜻하는 '야다'는 안다는 의미인데, 경험으로 아는 것을 말한다.

많은 민족에게 지식은 명사이지만, 유대인의 지식은 동사이다. 실천하는 지식이 진짜 지식이라고 생각하기 때문이다. 아이들은 혼자서 두 다리로 걷는데 2,000번 이상을 넘어진다고 한다. 실패는 무능력의 증거가 아니라 누구에게나 생기는 필요비용이라는 점을 아이에게 가르쳐주자.

아이와 이렇게 해보는 건 어때요?

▶ 실패를 통해 얻은 경험으로 다음에 더 잘할 수 있으리라고 격려해주세요.

▶ 아이의 실패에 대해 부모님이 대수롭지 않게 반응해 주세요. 실패해도 괜찮다는 실패에 대한 가벼운 마음을 가질 수 있어요.

▶ 아이의 실패에 대해 따뜻하지만 진지한 이야기를 나눠보세요. 실패를 통해 배울 수 있다는 실패의 중요성을 알게 될 거예요. "어떤 면에서 실패라고 생각해?" "다음에 또 이런 일이 생기지 않게 하려면 어떻게 하면 될까?"

끊임없이 성장하는 원동력,
겸손

미래 사회에 관해 많은 학자가 다양한 분석을 내놓는다. 핑크빛 시나리오도 있지만, 디스토피아적인 미래도 있다. 하지만 모든 미래학자가 입을 모아 말하는 한 가지는 확실한 것은 없다는 것이다. 미래 사회의 가장 큰 특징은 불확실성이다. 각 분야는 복잡하고 확실하지 않고 빠르게 변화하기까지 한다.

이런 미래 사회에서 인재가 되는 길은 노스트라다무스 같은 예측 능력이 아니다. 수많은 요구와 갑작스러운 변수에 적응하며 문제를 해결해나가는 능력이다. 겸손한 사람이 변화하는 환경을 받아들인다. 끊임없이 수정, 보완하며 진화하고 발전해 나갈 수 있다. 겸손이 필수인 시대가 되었다.

지적 겸손 없이는 발전도 없다

유대 사회의 랍비를 길러내는 학교에서는 각 학년을 부르는 명칭이 있다. 1학년생은 '현자賢者'라 불리고, 2학년생은 '철학자'라고 불린다. 최고 학년인 3학년생이 되어야 비로소 '학생'이라 불릴 수 있다. 배우는 사람인 학생이 되기 위해서는 몇 년의 수업과 공부가 필요하다. 스스로 자신을 낮추며 배우는 자가 가장 높은 지위에 오를 수 있다는 뜻이다. 겸손한 사람은 누구에게나 배우고자 하기에 유대인 부모는 자녀에게 평생 배우는 태도를 강조한다.

우리의 공부는 목적 지향적인 공부로 좋은 학교에 입학하기 위해 공부하기에 성공과 실패가 있다. 대학 졸업 후에는 취직하기 위해 공부하고 역시 성공과 실패를 경험한다. 우리의 공부는 목적을 이루기 위한 공부이기 때문에 성공 아니면 실패라는 결과를 가져온다. 성공한 후에는 공부의 목적이 사라졌기 때문에 더 공부하지 않는다. 실패한 후에 다시 공부하는 일은 망망대해를 헤쳐나가는 고통이 따른다. 우리의 공부는 겸손한 태도로 더 공부하고 싶거나 알아가고 싶다는 동기를 갖게 하지 않는다. 뛰어난 인재가 많은 한국인이 세계적 인재를 배출하지 못하는 이유가 여기에 있다.

영국의 철학자 칼 포퍼는《열린 사회와 그 적들》이라는 책에서 지적으로 열린 사회의 중요성을 강조했다. 아무리 옳은 주장이라 하더라도 절대적인 것이 되면 열린 사회의 적이 된다는 말이다. 진리는 절대적이더라도 그 진리를 해석하는 인간의 생각은 다양해야 한다. 권위로 다양한 생각을 차단하는 사회는 닫힌 사회로 그 사회는 발전할 수 없다. 교과서라는 지식의 권위를 벗어나지 못하면 한국 사회는 닫힌 사회가 될 수밖에 없다. 창의적 생각은 그 어떤 생각도 허용하는 열린 사회에서 나온다. 세계적 석학이라 할지라도 유대인 교수는 강의실에서 학생의 의견을 경청한다. 지적 겸손 없이는 발전도 없다.

유대 사회에는 겸손을 강조하는 말이 많다. 〈탈무드〉에는 '나는 스승에게 배운 내용보다 학생들에게 배운 내용이 더 많다.'라는 말이 있다. 유대인은 이 말을 가슴에 새긴다. 나보다 잘난 사람에게 배우는 것도 중요하지만, 누구에게도 배울 수 있는 태도가 더욱 중요하다고 가르친다.

'네 명의 유대인이 모이면 네 가지 의견이 나온다.'라는 유대 유머가 있다. 누구에게도 배울 수 있기에 누구나 의견을 내는 것이 중요하다는 것을 보여준다. 서로 다른 의견이 나오는 것을 당연하게 여기는 문화다. 변화하는 사회에서는 생각이 개방적인 사람이 성공한다. 유대인이 끊임없이 성장할 수 있는 여건이 된다.

모든 이에게 배운다

유대 사회에는 '바알 셈 도프'라는 훌륭한 랍비에 관한 이야기가 전해진다. 어느 날 한 제자가 바알 셈 도프에게 물었다.

"스승님, 스승님께서는 진리란 세상 어디에나 존재한다고 하셨는데, 거리의 돌멩이처럼 흔하고 평범한 것이 진리인가요?"

"그렇단다. 누구나 쉽게 진리를 얻을 수 있단다."

그리고 스승 바알 셈 도프는 이렇게 덧붙였다.

"다만 작은 돌멩이를 주우려면 반드시 허리를 굽혀야 한단다. 하지만 사람들은 허리를 굽힐 줄 모르는 것 같구나."

유대인 부모는 진리를 배우기 위해서는 겸손함을 익혀야 한다고 가르친다. 겸손한 사람은 자신을 내세우지 않으며 남을 존중하는 태도를 지닌다. 남을 존중하기 때문에 다른 사람의 의견 수용에도 적극적이다. 자신의 부족함을 알기에 스스로 더 노력한다. 다른 사람으로부터 배우려 하기에 친절하고 허용적인 태도를 지닌다. 유명한 랍비 아브라함 벤 에즈라는 "지혜는 겸허함을 낳는다."라고 말했다. 지혜로운 사람일수록 겸손한 태도를 지닌다는 의미다. 창의적인 사람일수록 자기 의견을 고집하기보다 다른 사람의 의견 듣기를 좋아한다. 나와 다른 시각에서 문제를 바라보는 것이 문제를 풀 수 있는 또 다른 해결책이라는 것을 알기 때문이다.

지적 겸손이 학습과 어떤 관련이 있을까? 캘리포니아대 테넬 포타 박사팀은 고등학생들의 지적 겸손 정도를 측정했다. "나는 잘 모르는 것이 있을 때 이를 인정합니다."와 같은 문장에 얼마나 동의하는지로 지적 겸손의 정도를 쟀다. 실험 결과 겸손한 학생들이 학습 동기가 높았다. 자신의 학습 방법의 문제점을 살피는 데도 적극적이었고 효과적인 메타인지 학습 전략을 세우기도 했다. 교사들도 지적으로 겸손한 학생들의 학습 태도가 더 좋다고 평가했다. 테넬 포터 박사는 지적 겸손의 태도를 가르는 것이 학습에 유익하다고 밝혔다.

겸손은 자신을 정확하게 아는 것

히틀러는 1933년 정권을 획득한 후 반유대주의를 주장하며 유대인들을 박해했다. 나치 독일은 유대인들을 조직적으로 살해하고 전멸시키기 위해 최종적 해결이라는 이름의 계획을 세웠다. 계획이 실행된 곳은 아우슈비츠 수용소였다. 과도한 노동과 굶주림, 열악한 환경, 생체실험 등으로 수많은 유대인이 죽어갔다. 집단 학살을 뜻하는 홀로코스트^{Holocaust}는 'holo(온전한)'와 'caust(태운다)'라는 그리스에서 유래된 말이다. 20세기 가장 어두운 기억이자 인간성에 대한 회한을 몰고 온 사건이다.

나치는 수용소에 도착한 유대인에 대해 선별작업을 거쳐 노동력으로서 가치가 없는 사람들 골라냈다. 어린이, 노인, 여성은 샤워실로 보내졌다. 샤워실에 들어간 유대인들의 머리 위로 치클론-B라는 독가스가 뿜어져 나왔고 하룻밤 새 9,000명이 사망하기도 했다. 나치에 의한 홀로코스트로 유럽에 거주하던 유대인의 2/3에 해당하는 600만 명이 사망했다. 이러한 대학살의 역사를 이겨내고 유대인은 살아남았다. 살아남은 유대인은 복수의 칼날을 갈지 않았다. 대신 '박해자가 되기보다 오히려 피해자가 돼라.'라는 〈탈무드〉의 가르침을 되새긴다.

군이 피해자가 되라는 말이 아니다. 박해자가 되지 말라는 겸손의 가르침이다. 랍비 어빙 그린버그는 홀로코스트를 떠올리며 말한다. 나약해 보여 박해할 수 있는 마음을 누군가가 품지 못하게 하는 것이 중요하다고 강조한다. 강하면서도 박해자가 되지 않는 길을 걸어야 한다고 유대인 부모는 가르친다. 역사가 가르쳐준 최고의 가치는 겸손이다. 겸손한 사람은 누구에게도 자비로움을 베풀며 친구가 될 수 있다. 독일에 대해 증오의 감정을 가르치지 않는다. 용서는 하되 반복되지 않도록 기억하고 또 기억한다. 역사를 현재와 연결하는 것이 유대인의 역사 교육이다.

유대인은 현재의 위치를 정확히 알아야 더 나은 내일을 만들어 갈 수 있다고 생각한다. 유대인의 겸손은 자신을 정확하게 아는 것에서 시작된다. 자신을 스스로 낮추며 과소평가하는 것은 겸손이 아니다. 과대평가하지도 않고 객관적으로 자신을 보는 눈을 기르는 일이다. 아이가 스스로에 대한 객관적 시각을 가질 때 자신감이 생긴다. 자녀의 장점을 찾아 격려하고, 부족한 점은 발전의 밑거름이 된다는 사실을 알려주자. 약점은 누구나 있으니 부끄러워하지 않는 당당함을 가르치자. 남의 시선이 아닌 아이 스스로 인정하고 받아들일 때 진정으로 겸손한 사람이 될 수 있다.

미래 사회는 과거의 성공 방법이 통하지 않는 시대다. 리더가 주체가 되어 구성원이 수동적으로 참여하는 조직은 창의적 발전을 할 수 없다. 서번트 리더십이 필요하다. 서번트 리더십은 리더의 권력이 아랫사람으로부터 기인한다는 민주주의 원칙에 입각한 리더십이다. 〈탈무드〉에는 '최고의 지혜는 친절과 겸손이다.'라는 말이 있다. 겸손한 리더는 다른 사람을 존중하고 경청하는 의사소통 능력을 지니고 있다. 겸손을 가르치는 것이 곧 리더십을 가르치는 것이다.

아이와 이렇게 해보는 건 어때요?

▸ 아이의 판단에 대해 긍정적으로 인정해주며 부모가 지지하고 있다는 것을 알려주세요.

▸ 정말 멋있는 사람은 남이 아닌 자기 자신에게 인정받는 사람이라는 것을 알려주세요.

▸ 부모가 잘못한 일이 있으면 진심으로 아이에게 사과하세요. 솔직함이 중요하다는 것을 배울 거예요.

6장

세상을 주도하는
리더십 교육

| 1 |
자기 일을
스스로 하는 아이

유대인은 행복의 가치는 저마다 다르다고 생각한다. 삶의 목적이 다양하고, 생각도 다르기에 어떤 인생을 살고 싶은지는 자신이 가장 잘 안다. 인생이라는 항로의 선장 될 수 있는 사람은 오직 자신이다. 남에게 이끌려서가 아니라 자신만의 노력으로 목적지에 도착하는 기쁨은 그 무엇과도 바꿀 수 없다.

계곡이 깊은 산일수록 정상도 높다. 힘들수록 자신을 믿는 사람이 성공의 달콤함도 더 크게 누릴 수 있다. 유대인 부모가 어린 자녀에게 자립심을 길러주는 이유다. 스스로 삶을 이루어가는 경험은 자존감을 키우고, 어려운 환경에 처한 사람에게 도움의 손길도 내밀 수 있다. 홀로 설 수 있는 사람이 더불어 사는 법도 깨우친다.

자기 자신을 가르치고, 스스로 배운다

유대인은 나이가 어리다는 이유로 부모의 일방적인 지시를 따라야 한다고 생각하지 않는다. 어른이 되어 겪을 수많은 문제를 헤쳐나가려면 어릴 때부터 문제와 부닥치며 해결해보는 것이 최고의 교육이라고 여긴다. 작은 일을 해결해나가는 경험이 쌓여 더 큰 일을 해낼 수 있기 때문이다. 어린 시절 몸으로 익힌 교훈은 그 어떤 지식보다 오랫동안 영향을 미친다.

유대인 부모는 자녀가 어릴 때부터 자기 일은 알아서 하도록 가르친다. 초등학교 고학년이 되면 정말 위급한 상황이 닥치지 않는 이상 부모가 나서서 아이의 문제를 해결해주지 않는다. 아이를 살피되 지나치지 않으며, 아이가 무언가를 하기 전에 걱정부터 하지 않는다. 도움을 요청하면 함께 의논하며 아이에게 무한한 사랑과 지지를 보내지만 닥친 문제는 자녀의 일임을 분명히 한다. 스피노자는 "교육의 목적은 아이들을 자주적인 사람으로 키우는 데 있다."라고 말했다. 수많은 시행착오를 겪으며 아이는 자신이 된다.

한국의 한 취업 전문 기업이 2020년 20~40대 성인 남녀 1,599명을 대상으로 '캥거루족'에 대한 설문조사를 실시했다. '캥거루족'은 성인이 되어도 부모에게 의지하는 사람을 일컫는 말이다. 본인을 '캥거루족'이라고 답한 응답자가 절반을 넘는 51.3%로 조사됐다. 20대 청년의 비율이 가장 높았는데, 3명 중 2명이 자신을 캥거루족이라 답했다. '경제적, 정신적으로 모두 의존한다.'라는 답변이 5명 중 2명에 달했다. 경기 불황과 취업난, 주거 비용 상승 등으로 한국 사회는 성인 자녀가 부모에게 의존하는 것이 자연스러워지고 있다.

유대인은 성인 자녀가 부모에게 의존하는 것은 있을 수 없는 일이라고 생각한다. 어릴 때부터 자립심 교육을 강조하는 것도 남에게 의지하지 않는 사람으로 키우기 위해서다. 특히 유대인은 경제적으로 남에게 의존하지 말라고 가르친다.

공부만 할 줄 알고 생존 능력이 없는 사람은 사회적으로 실패한 사람이라 생각해 생존 능력을 그 어떤 능력보다 중요하게 여긴다. 실제로 생존 능력이 있는 아이는 학습 능력도 우수하다. 힘든 일을 참고 견디며 꾸준하게 노력하는 태도를 보이기 때문이다. 아이의 학년이 높아질수록 학업 성취는 지능보다 성실함이 결정한다.

강요하지 말고 선택하게 하라

유대인은 자녀의 장래에 대해 핑크빛 환상을 갖거나 '나중에 커서 무엇이 되어라.'라고 직업을 정해주지 않는다. 자녀의 미래는 자녀의 것으로 생각하기 때문이다. 아이가 스스로 원하는 미래를 선택할 수 있도록 조언해주는 것이 부모의 역할이라 생각하고 공부 이외의 활동에 대해서도 강요하지 않는다. 자녀의 의사에 반하는 교육은 교육적 효과가 없기 때문이다. 대신 유대인 부모는 이렇게 말한다. "싫으면 하지 마. 대신 하려거든 최선을 다해서 하렴." 자기의 의사를 존중해주는 부모 밑에 자란 아이들은 부모와 좋은 관계를 맺는다.

미국 최고 엔터테이너로 꼽히는 레너드 번스타인은 러시아계 유대인이다. 뉴욕 필하모닉 오케스트라 상임 지휘자로 명성을 떨쳤다. 그는 뮤지컬 〈웨스트사이드 스토리〉 작곡에 성공하며 클래식과 대중음악의 경계를 넘나들며 양쪽 모두의 성공을 거두었다. 번스타인의 아버지는 그가 피아노를 배우고 싶다고 말했을 때 음악 교사를 구해 아들에게 피아노를 가르쳤다. 번스타인은 부모에게 존중받으며 음악을 했던 영향으로 뉴욕필하모닉 오케스트라 단원들과 관계를 중시했다.

번스타인은 연습 전에 많은 시간을 들여 단원들과 시시콜콜한 대화를 나누었다. 한 사람 한 사람 이름을 부르고 근황을 물으며 단원들을 존중했다. 번스타인은 '테크닉은 커뮤니케이션'이라고 말했다. 의사소통을 통해 연주자들의 자존감을 높이고 최고의 연주실력을 끌어내는 리더였다. 그는 단원들에게 우리가 왜 음악을 해야 하는지에 대해 질문을 던지며 각자가 답을 찾을 수 있도록 도왔고 단원 개개인의 음악적 자립을 이끌어내려고 애썼다. 그 결과 최고의 공연과 아름다운 하모니를 만들어낼 수 있었다. 음악적 자립을 중시한 명지휘자 번스타인을 키운 것은 유대인의 자립 교육이었다.

자녀에게 필요한 것은 지나친 사랑보다 현명한 교육이다. 지나친 사랑으로 아이에게 모든 것을 해주는 부모는 아이를 무능력한 사람으로 만든다. 러시아 작가 막심 고리키는 "자식을 낳는 일은 암탉도 할 수 있다. 그러나 자식을 기르는 일은 전혀 다른 문제다."라고 말했다.

세상 모든 부모는 자녀가 꽃길만 걷기를 바란다. 하지만 부모가 끝까지 자녀를 위해 꽃을 깔아줄 수 없다. 루소의 〈에밀〉에는 이런 말이 있다. "자식을 불행하게 만드는 가장 확실한 방법은 언제나 무엇이든지 손에 다 넣어주는 일이다." 유대인 부모는 자녀를 가장 확실하게 행복하게 만드는 법을 알고 있다. 그것은 '자립'이다.

스스로 해 보는 것이 자립의 시작이다

부모의 지나친 보호는 자녀의 정상적인 성장을 가로막는다. 아이는 스스로 생각하지 않고 부모에게 의존하며 부모의 지시와 보호 안에서 심리적 안정감을 느낀다. 부모와 떨어지는 것을 불안하게 여기고 자신보다 부모를 먼저 믿는 사람으로 자란다.

자녀가 새로운 일을 하기 전에 걱정하는 부모는 아이가 실패하거나 곤란한 상황에 놓이지 않도록 모든 것을 챙겨준다. 이런저런 조심할 것을 알려주고 아이가 다치지 않도록 챙기지만 아이가 느끼는 것은 세상에 대한 두려움뿐이다. 성공하는 사람은 만반의 준비를 하고 두려움에 떠는 사람이 아니라 설레는 마음으로 도전하려는 사람이다.

유대인 부모는 자녀의 일을 대신해주는 것은 자녀를 믿지 못해 아이가 스스로 해 볼 기회를 박탈하는 것이라고 생각한다. 걱정하기보다 자녀를 믿는 것이 중요하다. 부모의 말을 잘 듣던 아이들도 열 살이 넘어가면 자기주장을 하기 시작한다. 물론 어린아이의 행동은 성인인 부모 눈에 만족스러울 리가 없다. 하지만 걱정을 감추고 아이의 생각을 지지해주는 것이 필요하다. 자녀와의 관계에 갈등을 만드는 원인 중 하나는 아이 입장에서 부모가 자신을 믿지 못하거나 의견을 무시한다고 생각할 때다.

〈탈무드〉는 '인간의 가장 오래된 학교는 체험이다.'라고 가르친다. 아무리 훌륭한 스승에게 배우더라도 경험에는 못 미친다. 경험은 남에게 배우는 것이 아니기 때문이다. 자기 자신을 가르치고, 스스로 배우는 게 경험이다. 경험을 많이 한 사람일수록 스스로 문제를 해결해나가는 능력인 자립심이 강해진다. 난관에 부닥쳐도 두려워하기보다 해결 방법을 먼저 고민한다. 혼자서 어려움을 이겨내 본 경험이 쌓이면 자신에 대한 긍정적 인식을 하기 시작한다.

유대인 부모는 과잉보호가 아니라 태만함이 아이를 성장시킨다고 믿는다. 완벽하게 모든 것을 다해주는 부모가 아닌, 빈구석이 많은 부모가 아이의 성장에 더 낫다는 의미다.

몇 해 전 비정상회담이라는 프로그램에서 독일 청년 닉은 초등학교에 입학했을 당시를 회상했다. 엄마와 딱 일주일 동안 함께 등교한 후 그는 혼자서 학교에 가야 했는데 어느 날 길을 잃어버려 엄마에게 전화했더니 "왜 나에게 전화해?"라는 게 엄마의 답변이었다고 했다. 엄마가 아닌 근처에 있는 사람들에게 물어봐야 길을 찾을 수 있고 문제를 해결할 수 있다는 말이었다.

인생의 지름길만 안내해 주는 부모 밑에서 자란 아이는 길 찾기 내비게이션만 보며 여행하는 이와 같다. 도착지점 자체가 인생에 행복을 안겨 주지 않는다. 목표지점에 남보다 조금 일찍 도착할지언정 인생길에 펼쳐진 수많은 아름답고 재미있는 세상을 경험하지 못한다. 아이가 어려운 상황에 놓여 있다면 아이의 고민을 잘 들어주자. 공감하며 해결방안에 대해 함께 이야기를 나누어주는 인생의 선배가 되자. 하지만 결정은 아이가 하도록 해야 한다. 아이에 대한 사랑과 믿음을 담아 말해주자. "네가 알아서 해."

아이와 이렇게 해보는 건 어때요?

▸ 잘할 거라는 믿음을 아이에게 심어주며 부모의 신뢰를 느끼게 해주세요.
▸ 아이가 곤란한 상황에 부닥쳤을 때 아이의 마음을 헤아려주며 조언을 해주되, 부모가 직접 문제를 해결해주지 마세요.
▸ 숙제, 가방 정리, 준비물 챙기기, 옷차림 등을 아이가 스스로 하게 하세요. 어려움이 생겨도 아이가 책임지는 경험을 갖게 하세요.

| 2 |
어제의 나를
뛰어넘기 위해

심리학적으로 목표 달성을 방해하는 요인은 쾌락과 고통이다. 인내심은 쾌락을 추구하려는 충동을 억제하는 능력으로 고통을 피하고자 하는 본능도 극복하게 한다. 따라서 학업이나 인간관계 또는 비즈니스의 성공과 실패를 결정하는 핵심 요소가 인내심이라 말할 수 있다. 작은 습관 하나를 바꾸기 위해서도 엄청난 인내심이 필요하다. 유대인 부모는 참고 견디는 능력이 삶의 토대가 된다고 생각한다. 인생은 하기 싫은 일도 해야 하고, 고통의 시간도 참아내는 과정이기 때문이다. 지금, 이 순간 참고 견디며 노력하는 사람이 인생의 주인이 될 수 있다.

내일의 나를 기쁘게 맞이하기

유대인은 평생 공부하는 민족으로 알려져 있다. 유대인이 노벨상을 휩쓸며 세계적 부호가 된 것은 누구를 이기기 위해 공부하지 않기 때문이다. 어제보다 더 나은 오늘의 나를 만드는 공부가 진짜 공부라 여긴다. 오늘 최선을 다해 노력하는 사람이 내일의 나를 기쁘게 맞이할 수 있다고 생각한다. 진정한 실력자는 나를 넘어서는 사람으로 과거에 얼마나 대단한 성공을 거두었든 크게 실패했든 중요한 것은 오늘의 나다. 오늘의 내가 과거의 나를 뛰어넘을 수 있을 때 진정한 행복이 찾아온다.

유대인에게 나이는 숫자에 불과하다. 한국은 고령화 사회가 되며 많은 노인이 삶의 무료함을 호소하고 있으며 노년층의 외로움과 우울증이 사회문제가 되고 있다. 이에 비해 유대인은 노년층의 삶도 청년만큼 활기차다. 도서관에 모여 〈탈무드〉를 읽고 또래 친구들과 쉼 없이 이야기를 나누며 사회적 관계를 유지한다. 세상에 호기심을 갖고 배우고자 하는 마음이 삶의 활력이 된다. 유대인 부모가 자녀에게 평생 공부해야 한다고 가르치는 이유도 여기에 있다. 평생 배우며, 과거의 자신보다 조금 더 나은 사람이 되려는 노력은 노년이 되어도 멈추지 않는다.

유대인 부모는 남보다 뛰어난 사람은 두 종류의 교육을 받는다고 생각한다. 그 하나는 스승으로부터 받는 교육이고, 다른 하나는 자기 자신으로부터 받는 교육이라고 가르친다. 모든 사람은 각자의 재능과 능력을 갖고 있다. 〈탈무드〉에는 '다른 사람보다 훌륭한 사람은 정말로 훌륭하다고는 할 수 없다. 그 이전의 자기보다도 훌륭한 사람이야말로 진실로 훌륭한 사람이라 일컬을 수 있다.'라는 말이 있다.

타인을 삶의 기준으로 생각하지 않고 오직 과거의 자신을 기준으로 발전하려 노력한다. 남을 뛰어넘으려 하지 않기에 자신에게 집중할 수 있다. 그렇게 노력하다 보면 어느 날 다른 누군가와 비교할 수 없는 인재가 된다.

유대인 알렉산더 플레밍은 스코틀랜드 유대인 가정에서 태어났다. 의사가 된 그는 1차 세계대전 중 부상으로 목숨이 위태로운 환자들을 돌보며 세균을 죽이되 인체에 해를 미치지 않는 물질을 연구했다. 10년 동안이나 연구에 매진했지만, 원하는 결과를 얻지 못했다. 그러다 포도상구균 배양 접시에 핀 푸른곰팡이가 균을 죽이는 것을 발견했다. 항생제 분야 발전의 시발점이 된 페니실린을 발견한 것이다.

페니실린의 등장으로 1950년대 인류의 평균수명은 50대였는

데 현재는 80대로 늘었다. 그는 이 업적으로 동료 연구자들과 함께 1945년 노벨 생리학·의학상을 받았다. 좌절의 순간을 견디며 해내고야 말겠다는 극기 정신이 페니실린의 발견으로 이어졌다.

인내하는 능력은 삶의 토대가 된다

유대인 부모는 자녀가 역경을 극복하기 위해 인내하는 법을 가르친다. 인간의 가장 큰 적은 그 누구도 아닌 자신이며 자신을 이겨내고 스스로에게 인정받는 과정을 통해 인간은 크게 성장한다. 자신의 마음을 통제하고 스스로 격려할 수 있어야 리더가 될 수 있다. 자기 마음 하나 다스리지 못하면서 다른 사람을 이끌어 가는 것은 불가능하기 때문이다. 유대인은 성공의 다른 이름은 인내와 기다림이라고 말한다. 인내심을 갖고 노력하며 기다릴 수 있는 넓은 마음을 지녀야 성숙한 사람이 될 수 있다.

아이의 인내심을 기르기 위해 유대인 부모는 "싸블라누트!"라고 말한다. 기다린다, 인내심이라는 의미의 히브리어로 유대인 부모가 자주 하는 말이다. 아이의 말을 차분하게 들어줄 수 없는 상황에서는 아이에게 일단 기다리라고 말한다. 바쁜 와중에 건성으로 대충 아이의 말을 듣는 것은 부모와 아이 모두에게 좋지 않다고 생각하기 때문이다. 기다리라는 부모의 말을 통해 아이는 참고 기다리는 연습을 한다. 그러면서도 부모는 아이에게 왜 기다려야 하는지 친절히 설명해주며 존중하고 있다는 것을 느끼게 한다. 어린아이들이 인내심을 갖는 일은 어려운 일이지만, 유대인 부모는 어릴 때부터 교육을 통해 참고 기다리는 습관을 길러준다.

만족을 늦추고 인내하는 능력이 있는 사람이 더 성공할 수 있다. 만족 지연 능력이라 일컬어지는 이 능력은 미래의 더 큰 보상을 위해 현재 욕구를 다스릴 수 있는 자제력이다. 자제력이 강한 사람은 자신의 행동을 조절할 수 있는 사람으로 자기 마음속 유혹을 극복할 수 있는 사람이 큰 사람으로 성장한다. 공자는 "작은 일을 참지 못하면 큰일을 그르친다."라고 말했다.

작은 발전도 가볍게 넘기지 않는다

아이들이 부모의 말을 잘 듣지 않는 경우는 대부분 그 원인이 부모의 양육 태도에 있다. 아이를 위해 미리 그리고 즉시 만족시키는 경우가 많다. 과하게 만족시키는 것 역시 아이의 욕구 조절 능력을 망가뜨린다. 아이의 욕구를 부모가 '미리, 즉시, 과하게' 만족시키면 아이에게는 참고 견디는 능력이 생기지 않는다. 사람의 욕구는 만족

지연, 적당한 불만족, 미리 만족, 즉시 만족, 과도한 만족의 단계가
있다. 유대인 부모는 앞의 두 단계인 '만족 지연'과 '적당한 불만족'
을 가르친다. 아이가 만족을 지연하고 적당한 불만족을 견디는 힘을
갖도록 자기 조절 능력을 기르는 데 집중한다.

| 만족의 단계 |

　자기 조절 능력을 키우기 위해서는 미래를 현재의 삶으로 가져오
게 해야 한다. 지금, 이 순간의 고통만 생각하면 포기하기가 쉽지만
지금 하는 일이 어떤 의미가 있는지, 미래의 모습과 연결해 이야기
해 주면 아이는 참고 견디는 힘이 생긴다. 더 나은 사람이 되고 싶은
본능은 누구나 있기 때문이다. 공부는 엉덩이 힘으로 한다는 이야기
가 있다. 실제로 10분도 진득하게 앉아있지 못하고 이리저리 돌아
다니는 아이들은 공부를 잘하기 어렵다.

　축구 선수 박지성은 뛰어난 실력으로 PSV 에인트호번에 입단하
며 유럽 무대에 섰다. 그러나 제 실력을 보여주기도 전에 무릎 부상

으로 슬럼프를 겪으며 처음으로 축구를 하는 게 무섭게 느껴졌다. 관중들의 야유를 받으며 힘든 시간을 보내던 그는 슬럼프를 극복하기 위해 사소한 것부터 다시 시작했다. 받은 공을 짧게 차 옆 선수에게 패스한 것만으로도 그는 "잘했어. 거봐. 잘 할 수 있잖아."라며 자신을 다독였다. 어제보다 오늘, 조금이라도 더 발전한 자신을 칭찬하며 슬럼프를 극복했다. 축구 애호가들의 야유는 함성으로 바뀌었고, 구장에는 그만을 위한 응원가 '위송빠레'가 울려 퍼졌다.

자신을 넘어서는 과정은 누구나 힘들고 괴롭다. 특히 어린 아이들은 자기 욕구를 억제하는 일이 쉽지 않다. 그렇기에 부모의 현명하고 따뜻한 응원과 격려가 필요하다. 아이가 어떤 사람인지 꾸준히 말해주는 것도 좋은 방법이다. '약속을 잘 지키는 사람이 돼.'라고 강요하는 것이 아니라 '너는 약속을 잘 지키는 사람이야.'라고 규정지어주는 것이다. 말은 힘이 있다. 아이는 부모의 기대를 저버리지 않기 위해 긍정적 자기규정을 하게 된다. 어려운 일을 하기 위해서 작은 일로 쪼개어 하나씩 성취해 나가는 것도 좋은 방법이다. 하루하루의 작은 변화가 쌓여 아이는 훌쩍 자라게 된다.

아이와 이렇게 해보는 건 어때요?

▸ 아이가 어제보다 오늘 더 나아진 점에 대해 일기 쓰기를 하도록 하세요.

▸ 아이가 과거에 비해 나아진 모습이 보이면 아주 작은 일도 크게 칭찬해 주세요.

▸ 아이가 하기 싫어하고 어려워할 때 이것을 하고 난 후에 좋아지는 점에 대해 친절하게 설명해주세요.

| 3 |
어려움을 만났을 때
극복하는 힘

〈탈무드〉에는 '온실 속 장미는 정원을 가꾸는 데 쓰지 못한다. 꽃병 속에 머물 뿐이다.'라는 말이 있다. 온실 속에서 자란 장미는 온실 밖을 벗어나면 생존하기 어렵다. 세찬 비바람과 타오르는 강한 햇살 아래에서 꽃을 피워야 싱싱한 생명력을 가진 존재가 될 수 있다. 역경을 뚫고 이겨내는 사람만이 삶의 소중함을 안다. 하루하루가 귀하다는 것을 알기에 한순간도 허투루 보내지 않는다. 유대인 부모는 자녀가 힘든 상황에 부딪혀도 아이의 판단에 맡긴다. 스스로 생각하고 행동하며 역경을 극복하는 아이는 자생력을 갖게 된다. 그 어떤 상황이 와도 주도적으로 살아가는 사람이 된다.

모질게 사랑하는 이스라엘 부모

유대인인 사라 이마스는 저서 《유대인 엄마의 힘》에서 중국에서 살다 모국 이스라엘로 돌아간 초기의 에피소드를 소개했다. 한 달 동안 하루도 쉬지 않고 비가 내리는 장마철에 그녀는 매일 아이들과 함께 등교했다. 이유는 아이들의 운동화 때문이었다.

장화를 살 돈이 없어 운동화를 신겨 학교에 간 후, 교실에 들어가기 전 가져간 마른 운동화로 갈아 신겼다. 젖은 아이들의 운동화를 들고 빨리 집에 돌아와 다음 날을 위해 드라이로 젖은 운동화를 말리는 생활이 지속되었다. 세 아이의 뒤치다꺼리를 하며 지내는 일상을 그녀는 엄마의 당연한 모습이라 생각했다.

그러던 어느 날, 사라는 여섯 살 정도의 아들에게 자전거 타는 법을 알려주는 젊은 이스라엘 부모를 보았다. 아이가 자전거를 타다 그만 진흙탕에 빠져버렸는데, 부모는 "스스로 빠져나오렴."이라고 말하며 앞서 가버리는 것이었다. 안타까운 마음에 사라는 자신이라도 도와주고 싶은 심정이었다고 했다.

아이는 자전거에 앉은 채로 온갖 노력을 해도 자전거가 꿈쩍도 하지 않자, 아이는 잠시 생각을 하더니 자전거에서 내려 천천히 자전거를 끌며 진흙탕에서 빠져나왔다. 신난 아이가 자전거를 타고 쏜살

같이 부모에게 달려가는 모습을 보며 그녀는 자신과 이스라엘 부모의 양육 차이를 확실히 느꼈다.

사라는 이스라엘에서 아이를 키우며 아이를 위해 모든 것을 다해주려 노력하는 자신의 모습을 돌아보게 되었다. 유대인 부모는 자녀가 어릴 때부터 혼자서도 살아갈 수 있는 사람이 되도록 키운다. 수많은 인생의 역경을 혼자 힘으로 당당하게 헤쳐나갈 수 있는 사람으로 기르는 것이 부모의 가장 중요한 역할이라 생각하기 때문이다. 어떤 상황에서도 흔들리지 않는 자립심은 가정 교육의 영향이다.

한국은 경제 발전과 더불어 삶의 질이 향상되면서 한두 명인 자녀에 대한 지나친 사랑과 보호가 사회적 문제로 번지기도 한다. '헬리콥터 맘', '잔디 깎기 맘'과 같은 신조어가 생기며 눈살을 찌푸리게 하는 부모의 태도가 언론에 오르내리기도 한다. 소중한 자녀를 잘 키우고 싶은 마음은 중요하다. 하지만 아이의 일거수일투족까지 관여하며 아이의 매니저 같은 부모가 되는 것은 아이의 성장 발달에 부정적 영향을 미친다. 아이 주변에 보호막을 치면 칠수록 아이와 세상과의 간격은 점점 멀어진다.

어려움을 겪어보고 공감하는 일

부모의 지나친 보호는 아이에게 어떤 영향을 미칠까? 미국심리학회지에 의하면 아이들 주변을 맴돌며 지나치게 간섭하는 부모의 과잉보호는 아이들의 감정과 행동 관리 능력에 부정적 영향을 준다는 연구 결과가 있다. 8년 동안 422명의 아이를 2세, 5세, 10세 때 분석한 결과, 부모의 과도한 보호와 통제를 받은 아이는 자신의 정서적, 행동적 관리에 어려움을 겪는 것으로 나타났다. 미네소타대 니콜 페리 박사는 이 연구에서 "헬리콥터 부모 밑에서 자란 아이들이 학교생활에 어려움을 겪는 것을 확인할 수 있었다."라고 말했다.

유대인 부모는 아이를 세우는 교육도 중요하지만, 쓰러뜨리는 교육의 중요성을 누구보다 많이 강조한다. 아이에게 일부러 역경의 기회를 제공하고 도움을 주지 않는다. 특히 부자인 경우 아이가 온실 속의 화초로 자랄 가능성이 크기 때문에 더욱 혹독한 역경을 겪게 한다. 유대인 부모는 고난을 딛고 일어선 역사를 기억하기 위해 이집트 노예에서 해방된 날인 유월절에 쓴 나물과 딱딱한 빵을 먹이며 역경 교육을 한다. 일부러 가정 형편이 어려워진 것처럼 가장해 가난한 환경을 경험하게 하기도 한다.

유대인 아이들은 연례행사처럼 기아 체험을 하며 굶주림의 고통을 겪어본다. 아프리카 빈곤 지역의 봉사활동을 통해 힘들게 사는 사람들이 얼마나 많은지 깨닫고 고통을 공감하는 시간을 갖는다. 이런 역경 교육에서 유대인 부모의 탁월한 점은 남의 고통을 거울삼아 자신의 행복을 찾게 하지 않는다는 것이다. 한국 부모는 힘든 상황에 놓인 사람들을 보며 자녀에게 "너는 행복한 줄 알아."라고 말한다. 하지만 유대인 부모는 남의 고통을 보고 자신의 행복을 찾으라 하지 않고 어떻게 자녀가 그들의 문제를 함께 해결할지 생각하게 한다. 유대인에게서 천문학적인 기부금이 나오는 이유다.

삶의 어두운 부분이 어떤지 알고, 그것을 극복하기 위해 열심히 노력한 사람은 인생의 밝은 부분이 얼마나 소중하고 가치 있는지를 안다. 자신의 노력 없이 얻은 성취는 감흥이 크지 않다. 하지만 최선을 다해 얻은 성공은 아무리 작아도 세상을 비추는 한 줄기 빛과 같은 영향력이 있다.

역경을 겪어봐야 극복하는 힘이 생긴다

유대인 부모는 자녀를 '사브라'라고 부른다. 사브라는 선인장꽃의 열매를 말한다. 유대인의 나라는 사막의 모래 위에 세워졌다. 모진 풍파를 겪으며 물 한 방울 나지 않는 사막에서 생존하는 선인장은 그 존재만으로도 대단하다. 그런데 생존을 넘어 꽃과 열매를 피우는 것은 기적에 가깝다. 유대인 부모는 선인장의 꽃과 열매가 자녀라고 생각한다. 자녀가 사브라의 정체성을 잊지 않도록 가르친다. 역경 극복 정신을 갖지 못하면 유대인이 아니라고 힘주어 말한다.

성공한 사람들에게는 역경에 닥쳤을 때 긍정적이고 이성적인 태도로 포기하지 않는 특성이 있다. 성공에는 지능지수^{IQ}가 미치는 영향이 20%에 불과하고, 나머지 80%는 감성지수와 역경 지수에 달렸다는 연구 결과도 있다. 역경 지수$^{Adversity\ Quotient}$는 수많은 역경에도 굴하지 않고 끝까지 도전해 목표를 성취하는 능력을 지수화 한 것이다. 유대인 부모는 자녀의 역경 지수를 높이기 위해 사랑을 참고 감춘다. 무엇이든 다 해주지 않는 것이 더 힘들지만, 자녀의 역경 지수는 역경을 극복해 봐야만 생기기 때문이다.

부모는 자녀에게 역경을 극복할 기회를 주어야 한다. 스스로 배우고 성장할 수 있기 위해서 힘든 시간이 필요하기 때문이다. 한국은 부모의 사랑이 넘쳐 미성숙한 성인 아이인 '어른이'라는 신조어가 등장했다. 호랑이를 낳아 개로 키우는 우를 범하는 부모가 되어서는 안 된다. 위험하다는 이유로 이빨과 발톱을 다 뽑아 말 잘 듣는 개가 되면 아이는 스스로 살아가지 못한다. 부모 때문에 사냥 능력을 잃어버린 호랑이가 많아지는 것은 사회 전체로도 인재의 손실이다. 유대인 부모는 개를 낳아도 호랑이로 키우는 가정 교육을 한다.

미국 커뮤니케이션 이론가 폴 스톨츠 박사는 지능지수[IQ]나 감성 지수[EQ]보다 역경 지수가 높은 사람이 성공하는 시대가 올 것이라고 말한다. 미래 사회는 과거 그 어떤 시대보다 예측하는 대로 흘러가지 않을 것이기에 역경에 부딪혀 좌절했을 때 자신을 믿고 회복할 수 있는 회복탄력성이 필요하다. 또 부모와 좋은 관계를 유지하는 것이 필요한데 부모와의 좋은 관계는 신뢰에서 나온다. 아이를 믿고 있다는 점을 항상 상기시켜 주자.

사브라로 살아가기 위해서는 스스로 삶을 헤쳐나가는 자립심이 필수다. 유대인은 자식을 사랑하는 마음을 모두 드러내지 말고 절제하라고 말한다. 많은 유대인 가정은 '부모로서 자식을 사랑하지 않을까 걱정하지 말고, 사랑할 줄만 알고 가르칠 줄 모르는 것을 걱정하라.'라는 가훈을 지키고 있다. 뭐든지 다 해주고 싶은 부모의 마음이 되레 자식의 앞날에 장애가 될 수 있기 때문이다.

많은 이스라엘 가정 교육 잡지들이 한결같이 주장하는 바가 자녀를 사랑하느라 교육을 잊지 말라는 것이다. 역경을 딛고 일어서야 주체적 인간이 될 수 있다. 〈탈무드〉는 이렇게 가르친다. '장미꽃은 가시 사이에서 피어난다.'

아이와 이렇게 해보는 건 어때요?

▸ 아이가 편하고 풍요롭게 지내는 것보다 부족하고 힘듦을 경험할 수 있도록 지켜봐 주세요.

▸ 아이가 역경에 부닥쳤을 때 정신적으로 든든한 버팀목이 되어주되, 아이가 해결해야 한다고 알려주세요.

▸ 빈곤층이나 난민 등 어려운 상황에 놓인 사람들에 대해 자주 이야기를 나눠요. 어려운 이들을 위해 아이와 함께 할 수 있는 작은 실천을 하세요.

| 4 |
삶의 주인공이
되는 법

유대인 부모가 자녀를 키우는 궁극적 목표는 '헤어짐'이다. 명문대에 보내기 위해 애쓰기보다 부모 곁은 떠나 독립적으로 살 수 있는 사람으로 키우는 것을 더 중요하게 여긴다. 독립적인 사람이 자율적으로 성장해 창의적이며 사회성이 뛰어난 인재가 되기 때문이다. 유대인은 13세에 성인식을 치른다. 성인식을 통해 유대인 청소년은 안으로는 자아 정체성을 찾고, 밖으로는 세상을 살피는 지혜를 터득하게 된다. 성인으로서 존중과 인정을 받은 청소년은 자의식 성장이 앞당겨져 세상을 이끄는 리더로 성장한다.

진짜 어른이 되는 성인식

우리나라에서는 자녀의 첫 번째 생일을 중요하게 여긴다. 그래서 돌잔치를 열고 가족과 친지를 초대해 기쁨을 나누고 부모가 축하 인사를 받는다. 유대인 부모가 자녀를 키우며 가장 중요하게 생각하는 날은 언제일까? 바로 성인식이다. 유대인은 만 13세가 되는 생일날 성인식을 치르며 가족과 친척들을 초대해 성대한 행사를 연다. 돌잔치와 성인식은 축하받는 사람이 다르다. 돌잔치는 부모가 축하를 받는다면 유대인의 성인식은 성인식을 치르는 자녀가 축하의 대상이 된다.

부모의 노고와 역할을 축하하는 게 우리의 문화라면, 유대인 문화는 자녀가 독립적인 인격체가 되었다는 것을 축하한다. 자립을 중시하는 유대인의 가치관을 알 수 있다. 유대인은 성인식이 아이가 자신의 정체성을 주변 이들에게 알리며 동등한 존재로 인정받는 날이라 아이의 인생에 있어 매우 중요한 날이라고 여긴다. 주인공인 아이는 여러 사람 앞에서 성인으로서 책임 있는 삶을 살겠다는 다짐을 선포한다.

유대인은 자녀를 자신의 소유물이라 생각하지 않는다. 하느님에게 잠시 빌린 선물이라 생각해 소중하게 잘 키운 후 다시 돌려드려야 한다고 생각한다. 자녀를 다시 하느님에게 돌려드리는 의식이 성인식이다. 성인식은 히브리어로 '바 미츠바Bar Mitzvah'라고 하는데, '신의 가르침에 따라 사는 아들'이라는 뜻이다. 하느님에게 자녀를 돌려보내고 이제 교육의 책임을 신에게 넘긴다는 의미를 담고 있다. 성인식을 마치면 종교적으로 책임 있는 사람, 즉 '완전한 성인'이 된다. 일부 종파에서는 신체적 성숙이 빠른 딸의 경우 만 12세에 성인식을 치르기도 한다.

성인식 후 일 년이 가장 중요한 시기인데, 이때 유대인 청소년은 성인 훈련을 받는다. 온전히 유대교 신앙을 책임지며, 사회에 봉사하는 사람이 되는 것을 목표로 하는 시기다. 특히 이 기간에는 사회봉사 훈련을 집중적으로 받는다. 어린이들에게 히브리어나 다른 언어를 가르치거나, 병원에서 환자나 노인을 돌본다. 보육원, 양로원, 교도소, 장애인 시설 등 사회적 약자가 있는 곳에서 봉사한다. 유대인은 성인식을 통해 타인을 섬기고 공동체 정신을 실천하는 과정을 통해 진짜 어른으로 성장하는 계기를 만든다.

성인식의 세 가지 선물

부모와 친인척들은 성인식을 하는 유대인 청소년에게 3가지 선물을 한다. 〈성경〉과 손목시계, 그리고 축의금이다. 〈성경〉을 선물하는

유대인의 성인식 이후 아이를 성인으로 대한다.

이유는 성인이 되었으니 신과 직접 마주하는 사람이 되라는 의미다.
자신의 삶을 스스로 책임지는 자율적 존재로 존중해주는 의미가 있
다. 손목시계는 시간의 가치를 소중히 여겨 시간을 잘 사용하라는
뜻이다. 시간 약속을 잘 지키는 믿을 수 있는 사람이 되라는 의미도
담고 있다. 마지막으로 축의금은 경제적 자립을 시작하라는 뜻을 내
포하고 있다. 유대인은 경제 관념이 유난히 발달한 민족이다. 어릴
때부터 배운 경제교육을 실천해 보는 나이가 되었다는 것을 축하하
며 축의금을 건넨다.

유대인이 세계 경제를 주도하는 배경에는 성인식이 있다. 성인식으로 받은 축의금으로 일찍부터 경제 관념을 갖고 경제적 자립이 빠르기 때문이다. 성인식에 참석한 할아버지, 할머니와 가까운 친척은 유산을 물려준다는 생각으로 꽤 큰돈을 축의금으로 주기도 한다. 뉴욕 일반 직장인들의 경우 축의금으로 보통 200달러를 내는데 200명의 축하객이 왔다면 4만 달러에 이른다는 얘기다. 가까운 친척들은 더 많은 축의금을 주기 때문에 성인식으로 5~6만 달러가 축의금으로 들어온다. 물론 집안의 상황에 따라 금액은 달라진다.

이렇게 들어온 축의금은 행사를 준비한 부모가 아닌 성인식의 주인공인 자녀의 몫이다. 이 돈은 전부 자녀의 이름으로 된 통장에 넣어 주식이나 채권 등으로 운용한다. 아이들은 성인식에 받은 축의금으로 자산관리를 시작하며 경제 능력을 기른다. 이 돈은 이들이 20대 초, 중반 대학을 졸업할 즈음에는 2배 안팎으로 불어있다. 유대인 젊은이는 어림잡아 사회생활을 시작할 때 1억 원 정도의 돈을 가지고 있게 된다. 한국 청년들이 학자금 대출로 수천만 원의 빚을 지고 사회를 나서는 것과 크게 대비된다.

많은 유대인 청년은 이 돈을 종잣돈으로 창업의 길에 나설 수 있게 된다. 이스라엘 대학생의 80~90%가 졸업 후 취업이 아닌 창업을 원하는 것도 성인식이 마련해 준 경제적 토대가 있기 때문이다. 래리 페이지와 세르게이 브린은 25살에 구글을 창업했고, 스티브 잡스는 21살에 애플을, 마크 저커버그는 20살에 페이스북을 창업했다. 20대에 창업을 한 유대인이 많은 이유는 성인식 문화 덕분이다. 창의적 교육과 넉넉한 종잣돈, 그리고 제도적 지원은 아이가 먼 미래를 내다보고 새로운 일에 도전할 기회를 만들어준다. 당장 생계를 유지하기 위해 안전한 직장에 취업하려 하는 우리의 모습과 많이 다르다.

어른 대접이 성숙한 자녀로 이끈다

유대인은 13세가 되면 율법을 이해하고 준수할 수 있는 나이가 되었다고 보는데 현대 발달 심리학에서도 초등학교를 졸업하는 나이가 되면 자기의 윤리적 사상과 가치관이 거의 형성되었다고 본다.

유대인 청소년은 성인식을 위해 1년에 걸쳐 히브리어로 토라 읽기와 '드라샤'라는 연설을 준비한다. 아이는 나는 어떤 사람인지, 왜 이 세상에 태어났는지, 무엇을 위해 살 것인지 등의 고민을 연설문에 담는다.

성인식을 통해 자신의 정체성을 찾고, 이를 세상에 선포하고, 어떻게 살아가겠다는 약속을 하는 자리기에 유대인의 성인식은 사회적 인간으로 다시 태어나는 중요한 날이다. 논리적으로 자신의 의견을 펼쳐 하객들의 공감과 인정, 격려를 받으며 자연스럽게 자립이 이루어진다.

13세 전후는 부모의 지나친 간섭과 방임 사이에서 적절한 균형이 필요한 시점이다. 자율성과 책임감을 키울 수 있도록 아이와의 적당한 거리를 유지하고 어른 대접을 해주는 것이다. 자리가 사람을 만든다는 말이 있다. 미성숙한 사람으로 대우하면 아이들은 딱 그만큼의 모습을 보이지만 성숙한 사람으로 대우하고 존중해주면 어른스러운 행동을 보인다. 사춘기는 성인으로서 자신을 찾아가는 과정이다. 성인 초기의 시기라 여기고 사춘기를 가치 있는 시간으로 만들어보자.

'자기를 아는 것이 최대의 지혜다.' 〈탈무드〉에 나오는 말이다. 유대인은 남보다 조금 이른 나이에 성인으로 대우하며 아이가 주체적인 인간으로 살아가는 계기를 마련해준다. 성인식을 통해 자신을 알기 위해 노력하고, 세상에 이로운 사람이 되는 훈련을 통해 유대인은 성인의 가치를 깨닫는다. 세월이 흘러 나이가 들면 저절로 어른이 되는 것이 아니라고 가르친다. 진정한 어른이 되기 위해서는 치열한 노력이 필요하다는 것을 깨우치는 과정이 유대인의 성인식이다. 자녀에 대한 믿음과 사랑으로 어른이 되기 위한 노력을 응원하고 격려해주자.

아이와 이렇게 해보는 건 어때요?

▸ 아이에게도 사생활이 있다는 것을 이해하고 자율적으로 행동할 기회를 만들어 주세요.

▸ 사회적 약자에 대해 충분히 공부한 후 장애인 시설, 노인정 등 기관에서 봉사활동을 하도록 하세요.

▸ 아이 이름의 통장을 만들어 어릴 때부터 받은 돈이나 용돈 등을 넣어 아이가 직접 관리하도록 하세요.

▸ 청소년기에는 '자기만의 방'이 중요해요. 아이가 자기 방에서 잘 나오지 않는다고 불안해하지 마세요. 혼자만의 시간이 아이를 내적으로 살찌운답니다.

| 5 |
감사를
잊지 않는 마음

인간은 누구나 우여곡절을 겪으며 산다. 고난을 어쩔 수 없지만, 고난을 대하는 태도는 자신이 선택할 수 있다. 난관에 부닥치더라도 자신을 보호하는 가장 확실한 방법은 자신의 마음을 먼저 살피는 노력이다. 마음은 모든 것을 쥐고 있는 열쇠이기에 마음이 건강하면 문제는 어떻게든 해결할 수 있다. 유대인은 고난을 이겨내기 위해 감사하는 마음을 갖는다. 감사하는 마음은 절망을 희망으로 바꾸는 마법이다.

긍정적인 사람이 긍정적 결과를 만든다

　인류 역사에서 유대인은 고난과 역경의 상징 같은 존재다. '유대인'으로 태어났다는 이유로 차별과 박해를 당했고, 인종청소의 대표적 희생자였다. 가슴에 노란 별을 달고 유대인이라는 것을 드러내라는 강요를 받았으며 '개와 유대인 출입 금지'라는 표지판이 미국 뉴욕 공원에 등장할 정도로 차별받았다. 유대인은 공공연하게 차별하고 멸시해도 되는 사람들이었지만 유대인은 긍정적 사고방식으로 고난을 견뎠다.

　영화 〈인생은 아름다워〉는 2차 대전 당시 박해받던 한 유대인 가족의 사랑과 존엄성을 감동적으로 그린 작품이다. 주인공 귀도는 어린 아들과 상점 앞에 씌인 문구를 발견한다. '유대인과 개 출입금지'라는 문구에 대해 아들은 아버지에게 그 이유를 묻는다. 아버지는 누구나 싫어하는 것이 있어서 그런 것이라고 말한다. 돌아가서 우리의 책방에는 "우리가 싫어하는 거미 금지라고 쓰자."라고 말하며 아들에게 미소를 짓는다. 유대인은 탁월한 감정 조절 능력으로 고난을 고난으로 받아들이지 않는다. 고통스러운 상황을 최선의 현실이라고 생각하며 더 나쁜 상황이 아닌 것에 감사하며 긍정적으로 현실을 바라본다.

긍정적인 생각을 하는 사람은 고난의 상황에서 희망을 찾는다. 절망을 그대로 받아들이면 포기하는 삶 이외의 다른 결과는 없다. 2차 대전 후 상황 파악을 위해 사회학자들은 현지 조사를 나섰고 폐허 속에 사는 많은 유대인을 만났다. 조사 후 학자들은 유대인의 재기를 장담했다. 금방이라도 무너질 것 같은 유대인 가정의 식탁 위에는 꽃병이 놓여 있었기 때문이다. 죽음 직전에 내몰렸던 유대인은 꽃을 꽂으며 다시 일어설 마음을 먹었다. 미래를 긍정적으로 바라보는 사람이 삶의 희망을 품을 수 있다.

미래를 소중하게 여기는 마음

유대인 부모는 아침에 일어나면 침대에서 가장 먼저 감사 기도를 올리게 한다. '모데 아니'라고 말하는 기도는 '나는 감사드립니다.'라는 의미다. 유대 법전에 의하면 인간의 몸과 영혼은 잠을 자는 동안 분리되어 별도의 세계에 머문다. 아침에 잠에서 깰 때 영혼과 몸이 새롭게 합쳐진다고 생각한다.

몸에서 분리되어있던 영혼이 제자리로 돌아오지 못해 새로운 아침을 맞지 못하는 사람도 많기에 '모데 아니'는 눈을 뜰 수 있음에 감사하는 기도다. 유대인 부모는 세상에 당연한 것은 없다고 가르친다. 아이가 4세가 되면 아침 감사 기도를 가르쳐 평생 감사하는 삶의 태도를 지니게 한다.

노스이스턴대 심리학과 데이비드 디스테노 교수팀은 한 실험을 했다. 실험 참가자들에게 감사한 마음이 들었던 순간, 아무 감정이 없던 순간, 행복을 느낀 순간을 떠올리게 했다. 각각의 순간을 떠올린 후 당장 18달러를 받을 것인지, 아니면 1년 후에 100달러를 받을 것인지를 고르게 했다. 아무 감정이 없거나 행복한 순간을 떠올린 경우에는 당장 18달러를 받겠다는 경향이 강했다. 하지만 감사함을 떠올린 경우, 1년 후 100달러를 선택하는 이들이 2배 이상 많은 것으로 나타났다.

감사하는 마음은 혈압과 심박수를 낮추고 불안과 우울감을 줄여 미래를 더 소중하게 생각하도록 만든다고 연구팀은 말한다. 그래서 1년 뒤 100달러를 받겠다는 절제력을 갖게 했다고 설명했다. 감사하는 마음은 인간의 뇌를 더욱 자비롭게 만든다는 연구 결과도 있다. 오리건대 신경과학자 크리스티나 칸스는 실험 참가자들에게 3주에 걸쳐 자신이 감사한 것에 대해 이야기를 나누게 했다. 그 후 돈이 자기 계좌로 입금될 때와 자선단체에 자기 돈을 기부할 때를 보게 하고 뇌를 영상 장치로 관찰했다. 돈이 자신의 계좌로 입금될 때보다 자선단체에 기부할 때 감정을 조절하는 뇌인 복내측 전전두엽

피질이 더 활성화되는 것으로 나타났다.

 랍비 매나헴 슈네르손은 "좋게 생각하라. 그러면 좋아질 것이다."라고 가르쳤다. 수천 년 박해와 고난의 역사 속에서도 유대인이 삶의 끈을 놓지 않을 수 있었던 것은 감사하는 태도 덕분이다. 감사하는 법을 배우면 인생의 나쁜 일보다 좋은 일에 집중하게 된다. 좋은 일에 감사하면 희망이 보이고 삶에 대한 의지가 생긴다. '세상은 고통으로 가득하지만, 그것을 극복하는 사람들로 가득하다.'라고 시청각 장애를 가졌던 헬렌 켈러는 말했다.

 감사하는 아이로 키우기 위해 부모가 감사하는 태도를 보이는 것이 중요하다. 유대인 부모는 항상 감사의 기도를 드리며 자녀를 키웠다. 감사의 에너지는 자연스럽게 자녀에게 물든다. 감사하는 태도를 기르기 위해 부모가 먼저 아이에게 감사하다는 말을 자주 하자. 물 한 잔을 건네주는 일에도, 작은 심부름에도 아이에게 고맙다는 표현을 해보자. 감사하다는 말을 자주 들을 아이는 자연스럽게 다른 사람에게도 감사의 인사를 할 줄 알게 된다. 감사 일기를 쓰는 것도 좋은 방법인데 감사할 일은 생기는 것이 아니라 발견하는 것이기 때문이다.

생존의 중요한 지혜

유대인 심리학자인 프린스턴대 대니얼 카너먼 교수는 경험과 기억에 관한 심리 실험을 했다. 참가자들은 첫 실험에서 1분 동안 차가운 물에 손을 넣고 있었다. 두 번째 실험에서는 찬물에 손을 넣고 있다가 1분이 지나면 덜 차가운 물을 부어 30초를 더 보내는 것이었다. 둘 다 차가운 물에 손을 넣고 있는 고통스러운 일을 경험해야 했다.

실험 후 참가자들에게 첫 번째와 두 번째 중에 다시 할 것을 선택하라면 어느 쪽을 고르겠냐고 물었다. 이성적 선택이라면 고통의 시간이 짧은 1분을 골라야 하지만, 참가자들의 선택은 달랐다. 참가자의 80%가 고통이 긴 1분 30초를 골랐다. 사람들이 과거 경험을 종합적으로 기억하는 것이 아니라, 덜 차가웠던 마지막의 30초를 기억하기 때문이다.

카너먼 교수는 인간은 자신의 경험 중 감정의 절정[peak]과 마지막 순간[end]을 주로 기억한다는 것을 발견했다. 그는 피크 엔드 법칙[Peak-end rule]의 발견으로 2002년 노벨경제학상을 수상했다. 인간의 뇌는 경험의 중간 과정을 잘 기억하지 못한다.

유대인은 아름다운 결말을 만들어내는 것이 고난을 극복하는 데 도움이 된다는 것을 알고 있었다. 〈탈무드〉에는 '사람의 눈은 흰 부분과 검은 부분으로 이루어져 있다. 그런데 왜 검은 부분으로 세상을 보는 것일까?'라는 수수께끼가 있다. 인생은 어두운 곳에서 밝은 곳을 봐야 한다고 〈탈무드〉는 가르치고 있다.

유대인은 부정적인 감정에 휘말리지 않는 사람이 상황을 주도해나갈 수 있다고 믿는다. 감정 조절을 통해 고통의 감정을 줄이고 현명하게 문제를 해결한다. 유대인 부모는 자녀에게 "너는 할 수 있어."라고 말하며 자신에 대한 믿음의 감정을 갖게 한다. 힘든 상황에 놓인 자녀에게는 마지막에 웃는 사람이 될 것이라는 격려를 아끼지 않는다. 감정을 조절하고 통제하는 능력 여부에 따라 성공과 실패가 달라질 수 있다. 프랭클린 루스벨트 미국 대통령은 "인간은 운명의 포로가 아니라 자신의 정신에 딸린 포로이다."라고 말했다.

유대인 부모는 자녀가 감정을 조절할 줄 아는 사람이 되도록 노력한다. 감정도 생존에 필요한 중요한 지혜라고 여기기 때문이다. 삶의 고난을 헤쳐나가기 위해서는 이성적 행동이 중요하지만, 이성적으로 생각하기 위한 필수 덕목이 감정 조절 능력이다. 심리학에서 마인드 컨트롤이라 부르는 이 능력은 감정을 절제하고 관리하는 것을 말한다. 자기감정을 잘 인식하고 조정, 유도하며 통제할 수 있는 사람이 외부 상황도 잘 통제하고 관리할 수 있다. 양궁에서 과녁의 정중앙을 맞히는 사람은 감정 조절로 평정심을 유지하는 사람이다.

아이와 이렇게 해보는 건 어때요?

▸ 아이가 도움을 준 일에는 감사하다는 말을 자주 해주세요.

▸ '감사한 일 찾기 놀이'를 통해 감사한 일을 발견하는 긍정적 사고방식을 길러주
세요.

▸ 자리 양보하기, 감사 인사하기 등을 실천하게 한 후 아이에 의해 도움받거나 기
쁨을 느끼게 된 사람들의 감정에 관해 설명해주세요.

진짜 공부 잘하는 아이는
집에서 이렇게 합니다

자기주도적인 아이로 키우는 유대인 교육법

진짜 공부 잘하는 아이는
집에서 이렇게 합니다

초판 1쇄 발행 2022년 6월 27일

지은이 남지란

책임편집 이가영
디자인 Aleph design

펴낸이 최현준
펴낸곳 빌리버튼
출판등록 제 2016-000166호
주소 서울시 마포구 월드컵로 10길 28, 202호
전화 02-338-9271 | **팩스** 02-338-9272
메일 contents@billybutton.co.kr

ISBN 979-11-91228-84-7 03370
ⓒ 남지란, 2022, Printed in Korea